Inhalt

Kleinseitner Geschichten

Herr Ryšánek und Herr Schlegl

Es wäre lächerlich, wenn ich daran zweifeln wollte, daß einer meiner Leser das Kleinseitner Gasthaus »Zum Steinitz« nicht kennt. Es ist führend unter den dortigen Restaurants; das erste Haus links hinter dem Brückenturm, Ecke Brückengasse–Badgasse, große Fenster, große Glastür. Das einzige Restaurant, das sich kühn in die belebte Gasse hineinstellt und in das man unmittelbar vom Gehsteig gelangt – alle anderen Restaurants sind entweder in Seitengassen, oder man betritt sie durch ein Durchgangshaus, oder sie haben in echt Kleinseitner Bescheidenheit wenigstens einen Laubenvorbau. Darum geht ein echter Kleinseitner, ein Sohn dieser stillen, verschwiegenen Gassen voll poetischer Winkel, niemals ins Gasthaus »Zum Steinitz«. Dort verkehren höhere Beamte, Professoren, Offiziere, welche der Zufall auf die Kleinseite geweht hat und wohl schon bald wieder von dort fortwehen wird, mit ihnen noch ein paar Pensionisten, einige alte reiche Hausbesitzer, die ihr Geschäft schon längst anderen übergeben haben – das ist alles. Bürokratisch-aristokratisch.

Schon vor Jahren, als ich noch ein kleiner Gymnasiast war, war die Gesellschaft bei »Steinitz« ähnlich exklusiv, aber doch wieder anders. Kurz gesagt, »Zum Steinitz« war der Kleinseitner Olymp, wo sich die Kleinseitner

Götter trafen. Es ist ein verbürgtes Faktum der Historie, daß die Götter aus ihrem Volk hervorgehen und ihm entsprechen. Jehova war ein finsterer, böser und rachsüchtiger, grausamer und blutdürstiger Gott wie das ganze jüdische Volk. Die Götter der Griechen waren elegant und geistreich, schön und heiter, eben ganz und gar Griechen. Die slawischen Götter – Verzeihung! Wir Slawen hatten nie genug gestaltende Kraft weder zur Gründung großer Staaten noch zur Schöpfung eigentümlicher Götter, unsere ehemaligen Götter sind uns heute trotz Erben und Kostomarow noch immer ein nebelhafter Haufen, zerfließend und unbestimmt. Vielleicht schreibe ich einmal eine besondere, natürlich besonders geistvolle Abhandlung über diesen Zusammenhang von Göttern und Menschen, hier möchte ich nur sagen, daß die Götter, die sich bei »Steinitz« trafen, ohne Zweifel echte Kleinseitner Götter waren. Die Kleinseite – Häuser wie Menschen – haben etwas Stilles an sich, etwas Würdiges, Altertümliches, sagen wir auch Verschlummertes, und in all das waren jene Herrschaften eingesponnen. Nun ja, es waren Beamte, Militärs, Professoren, Pensionisten wie heutzutage, aber damals versetzte man die Beamtenschaft und die Soldaten nicht von einem Land ins andere, der Vater konnte seinen Sohn in Prag ausstudieren lassen, verhalf ihm hier in ein Amt und erhielt es ihm durch seine Protektion für alle Zeiten. Wenn einige der Steinitzer Stammgäste auf dem Gehsteig beisammenstanden, grüßte sie jeder Vorübergehende, er kannte sie.

Uns Gymnasiasten war der Olymp bei »Steinitz« um so mehr der Olymp, als auf ihm unsere alten Professoren versammelt waren. Die alten! Warum sage ich: die alten? Ich kannte sie alle gut, diese Götter unserer lieben Kleinseite, und mir schien stets, daß keiner von ihnen allen je jung gewesen war – sie haben wohl schon als Kinder genauso ausgesehen wie jetzt, sie waren damals vielleicht nur etwas kleiner gewesen.

Ich sehe sie alle wie heute vor mir! Als ersten den Herrn Appellationsrat Lang, mager und entsetzlich würdig. Er war noch im Amt, aber ich konnte mir beim besten Willen nicht vorstellen, welcher Art seine Tätigkeit gewesen sein mochte. Wenn wir um zehn Uhr vormittags aus der Schule kamen, trat er eben erst aus seinem Haus in der Karmelitergasse und schritt gemächlich in die Spornergasse, in Čardas Weinstube. Wenn wir am Donnerstagnachmittag schulfrei hatten und uns auf den Marienschanzen herumtrieben, ging er in den Anlagen spazieren. Und um fünf Uhr nachmittags fand er sich bei »Steinitz« ein. Ich nahm mir fest vor, fleißig zu sein, um einmal ein solcher Appellationsrat zu werden, aber irgendwie habe ich es dann vergessen.

Dann der einäugige Herr Graf. Auf der Kleinseite war zwar an Grafen keine Not, aber dieser Einäugige war allerdings der einzige, der in ein Kleinseitner Gasthaus zu gehen pflegte, wenigstens damals. Groß, knochig, frische Gesichtsfarbe, kurze weiße Haare, schwarze Binde überm linken Auge. Er konnte zwei Stunden auf dem Gehsteig vor »Steinitz« stehen, und wenn ich an ihm vorbeigehen mußte, machte ich einen Bogen. Die Natur hat den Adeligen ein gewisses Profil gegeben, das man aristokratisch nennt und das Raubvögeln ähnlich macht. Der Herr Graf erinnerte mich an den Falken, der sich mit grausamer Pünktlichkeit tagtäglich Schlag zwölf Uhr mittags mit einer erbeuteten Taube auf der Kuppel von Sankt Niklas niederließ und sein Opfer rupfte, daß dessen Federn bis herunter auf den Ring flogen. Ich ging im Bogen um den Herrn Grafen, weil ich eine unbestimmte Angst hatte, er könnte nach meinem Kopf hacken.

Dann der feiste Herr Stabsarzt, noch keineswegs gealtert, trotzdem schon im Ruhestand. Man erzählte sich von ihm, daß er einer sehr hochgestellten Persönlichkeit, die einmal die Prager Krankenhäuser inspiziert und allerlei bemängelt hatte, gesagt habe, daß sie davon nichts verstehe. Deswegen war er in den Ruhestand versetzt worden, und gleichzeitig hatten wir ihn ins Herz geschlossen, denn wir Buben sahen in diesem dicken Herrn einen ausgemachten Revolutionär. Er war aber auch freundlich und redselig. Begegnete er einem Buben, der ihm gefiel – dieser Bub konnte auch ein Mädchen sein –, hielt er ihn an, streichelte ihm die Wange und sagte: »Grüß daheim deinen Vater!« – auch wenn er ihn gar nicht kannte.

Dann war da noch – aber nein! Alle diese Alten alterten plötzlich noch mehr, und dann starben sie – Gott laß sie selig ruhn! Ich erinnere mich mit Wonne an die stolzen Stunden, die ich unter ihnen verbrachte, an das Gefühl der Selbständigkeit, Männlichkeit, ja der Größe, als ich, Hörer der Universität geworden, zum erstenmal ohne Furcht vor die Professoren im »Steinitz«, unter diese erhabnen Wesen, trat. Viel Beobachtung haben sie mir allerdings nicht geschenkt. Um ehrlich zu sein: gar keine. Nur einmal geschah es im Laufe einiger Wochen, daß der Herr Stabsarzt, als er im Heimgehen an mir vorüberkam, zu mir sagte: »Ach ja, junger Mann, das Bier taugt heute nichts, mögen die dort sagen, was sie wollen!« und durch eine verächtliche Wendung des Kopfes zu verstehen gab, daß er die meinte, bei denen er eben gesessen hatte. Ein wahrer Brutus! Ich wage zu behaupten, er hätte unter Umständen selbst einem Cäsar die Beleidigung ins Gesicht hineingesagt, daß er nichts von Bier verstehe.

Dafür habe ich mich um sie gekümmert. Viel habe ich von ihnen nicht gehört, aber beobachtet habe ich sie gründlich. Ich halte mich für eine armselige Kopie dieser Wesen, aber was an Erhabenem an mir ist, das habe ich von ihnen. Vor allen anderen bleiben mir zwei Männer in der Erinnerung, die sich unvergeßlich ins Herz meines Herzens eingeprägt haben: Herr Ryšánek und Herr Schlegl.

Die beiden konnten einander nicht riechen. – Aber ich muß wieder um Verzeihung bitten, ich muß, um von ihnen zu erzählen, anders beginnen.

Wenn man aus der Brückengasse bei »Steinitz« eintritt, sind in der vorderen Gaststube, wo die Billardtische stehen, rechts drei Fenster, welche in die Badgasse gehen. In der Nische jedes Fensters steht ein kleiner Tisch mit einer kleinen Bank in Hufeisenform; hier haben drei Leute Platz, einer mit dem Rücken zum Fenster, die anderen beiden einander gegenüber am Ende der Bank; wenn sie Lust haben, mit dem Rücken zum Fenster zu sitzen, ist ihr Gesicht dem Billardtisch zugekehrt, und sie können sich damit unterhalten, dem Spiel zuzuschauen.

Im dritten Fenster rechts vom Eingang saßen Tag für Tag immer von sechs bis acht Uhr abends die allgemein geachteten Bürger Herr Ryšánek und Herr Schlegl. Der Platz wurde immer für sie freigehalten; zu wagen, sich an den Stammtisch eines anderen zu setzen, das war etwas, was ein ordentlicher und gesitteter Kleinseitner für ein Ding der Unmöglichkeit hielt, weil – eben weil so etwas unausdenkbar war. Der Platz direkt am Fenster blieb immer leer, Herr Schlegl saß an jenem Ende des Hufeisens, das dem Eingang näher war, Herr Ryšánek am gegenüberliegenden Ende, nur eine Elle davon entfernt. Beide saßen immer vom Fenster, daher auch von dem Tischchen und voneinander abgewendet und schauten auf den Billardtisch; zum Tisch drehten sie sich nur dann herum, wenn sie trinken oder die Pfeife stopfen wollten. Elf Jahre saßen sie schon so Tag für Tag. Und während all der elf Jahre hatten sie miteinander kein Wort gewechselt, war einer dem anderen Luft.

Auf der Kleinseite wußte man von dem unerbittlichen Haß, den einer gegen den anderen hegte. Die Feindschaft zwischen ihnen war alt und unversöhnlich. Auch die Ursache war nicht unbekannt. Der Ursprung alles Bösen, eine Frau. Sie hatten dieselbe geliebt. Anfangs hatte sie sich Herrn Ryšánek zugeneigt, der schon längst ein selbständiger Kaufmann war, dann ruhte sie plötzlich aus einem unerklärlichen Gefühlsumschwung in den Armen des Herrn Schlegl. Vielleicht darum, weil Herr Schlegl um fast zehn Jahre jünger war. Sie wurde Frau Schlegl.

Ob Frau Schlegl eine so besondere Schönheit war, daß sie die Ursache für Herrn Ryšáneks immerwährenden Schmerz und dessen Hagestolztum war, weiß ich nicht. Sie war längst zum Herrn eingegangen, sie starb im ersten Kindbett und hinterließ ein Töchterchen. Vielleicht war das ihr Ebenbild. In der Zeit, von der ich spreche, war Fräulein Schlegl zweiundzwanzig. Ich kannte sie, sie besuchte öfter das Poldinchen des Hauptmanns im Stockwerk über uns, jenes Poldinchen, das auf der Straße bei jedem zwanzigsten Schritt stolperte. Es hieß, Fräulein Schlegl sei eine Schönheit. Kann sein, so eine Schönheit wie für einen Architekten. Alles auf dem richtigen Fleck, überall das richtige Maß, bei allem wußte man, wozu. Aber für jemand anderen als für einen Architekten – zum Verzweifeln! Ihr Gesicht bewegte sich ebensowenig wie die Fassade eines Palastes. Ihr Auge glänzte ausdruckslos wie ein eben geputztes Fenster. Ihr Mund, übrigens hübsch wie eine kleine Arabeske, öffnete sich langsam wie ein Tor, und er blieb entweder sperrangelweit offen oder schloß sich wieder genauso langsam, wie er sich geöffnet hatte. Dazu die Hautfarbe wie eben frisch geweißt. Kann sein, daß sie, wenn sie noch lebt, nicht mehr so hübsch ist, dafür aber schön; so wie verwitterte Häuser schöner werden.

Ich bedauere, dem Leser nicht berichten zu können, wie Herr Ryšánek und Herr Schlegl sich an diesem Tischchen beim dritten Fenster zusammengefunden haben mögen. Es geschah wohl durch die Schuld eines verdammten Zufalls, welcher den beiden Greisen jeglichen Tag verbittern sollte. Seitdem der unbekannte Zufall sie zum erstenmal an diesen Platz geführt hatte, hielt sie wohl ihr männlicher Stolz dort fest. Zum zweitenmal setzten sie sich vielleicht aus Trotz auf denselben Platz. Schließlich taten sie es aus Hartköpfigkeit und um kein Gerede aufkommen zu lassen. Jetzt wußte schon längst jeder bei »Steinitz«, daß das für beide eine Frage der Mannesehre war und daß keiner nachgeben konnte.

Sie kamen regelmäßig um die sechste Stunde, heute der eine um eine Minute früher, morgen der andere. Sie grüßten höflich jeden und nach allen Seiten, nur einer den andern nicht. Der Kellner nahm ihnen im Sommer Hut und Stock ab, im Winter Pelzmütze und Mantel, und hängte sie auf einen Kleiderhaken hinter ihrem Platz. Dann schaukelten sie wie Tauben mit dem Oberkörper – alte Leute haben diese Gewohnheit, bevor sie sich niedersetzen –, dann stützten sie sich mit der einen Hand auf ihr Tischeck – Herr Ryšánek mit der linken Hand, Herr Schlegl mit der rechten – und setzten sich langsam mit dem Rücken gegen das Fenster nieder, mit dem Gesicht zum Billardtisch. Wenn der dicke, ständig lächelnde und plappernde Wirt kam, um – ich bitte sehr! – die erste Prise anzubieten, mußte er bei jedem von neuem auf die Schnupftabakdose klopfen und von neuem seine Bemerkung anbringen, daß wir heute schönes Wetter haben; anders hätte der andere die Prise nicht angenommen und die Worte überhört. Nie gelang es jemandem, mit beiden zugleich ein Gespräch zu führen. Nie nahm der eine vom anderen auch nur die geringste Notiz, dieses Individuum auf der anderen Seite des Tisches existierte für ihn nicht.

Der Kellner stellte jedem ein Glas Bier hin. Nach einer Weile – aber nie zugleich, denn sie beobachteten einander trotz aller Nichtbeachtung haargenau – wandten sie sich zum Tisch, nahmen aus der Brusttasche eine große, silberbeschlagene Meerschaumpfeife, aus dem Rockschoß einen vollen Tabakbeutel, stopften, zündeten an und wandten sich wieder vom Fenster ab. So saßen sie die zwei Stunden, tranken ihre drei Glas Bier, dann erhoben sie sich, dieser heute, jener morgen um eine Minute früher, steckten die Pfeife ein, verwahrten den Tabakbeutel, der Kellner half ihnen in den Mantel, und sie verabschiedeten sich von allen, nur voneinander nicht.

Ich setzte mich absichtlich an einen Seitentisch neben dem Ofen. Ich schaute auf diese Weise Herrn Ryšánek und Herrn Schlegl direkt ins Gesicht und konnte sie bequem und unauffällig beobachten.

Herr Ryšánek hatte ein Geschäft mit Kanevas, Herr Schlegl eins mit Eisenwaren. Jetzt hatten sich beide als reiche Hausbesitzer längst zur Ruhe gesetzt, aber die Gesichter erinnerten noch immer an ihre frühere Beschäftigung. Das Gesicht des Herrn Ryšánek erinnerte mich stets an weiß und rot gestreiften Kanevas, Herrn Schlegls Gesicht an einen grünspanigen Mörser.

Herr Ryšánek war größer, magerer und, wie gesagt, älter. Er steckte irgendwie nicht mehr recht in seiner Haut, war oft schwach, sein Unterkiefer machte sich zuweilen eigenwillig selbständig und fiel herab. Seine grauen Augen benötigten eine Brille, die in schwarzes Horn gefaßt war. Den Kopf bedeckte eine helle Perücke, und nach den noch nicht völlig ergrauten Augenbrauen konnte man darauf schließen, daß Herr Ryšánek blond gewesen war. Die Wangen waren eingefallen und bleich, so bleich, daß die lange Nase sich karminrot abhob. Vielleicht hing deswegen an ihrem Ende meist ein Tropfen, eine seinem Innern entquollene Träne. Als gewissenhafter Biograph muß ich bemerken, daß Herr Ryšánek diese Träne zu spät wegzuwischen sich bemühte – schon war sie in den mitfühlenden Schoß gefallen.

Herr Schlegl war untersetzt, ich vermute, daß er halslos war. Sein Kopf war wie eine Bombe; das Haar kräftig angegraut; an den rasierten Stellen war das Gesicht blauschwarz, an den anderen rosarot, ein Stück leuchtendes

Fleisch und dann ein Stück schattenhaft wie auf einem nachgedunkelten Gemälde von Rembrandt.

Ich hatte Ehrfurcht vor den beiden Heroen, ja ich bewunderte sie. Wie sie so dasaßen, führten sie Tag für Tag einen gewaltigen, grausamen, unerbittlichen Kampf. Sie trugen ihn mit ihren Waffen aus: mit vergiftetem, tief verachtendem Schweigen. Und die Schlacht blieb ewig unentschieden. Wer wird schließlich den Fuß auf die Brust seines überwundenen Gegners setzen? Herr Schlegl war körperlich kräftiger, alles an ihm war kurz, straff; wenn er sprach, klang es wie der Schlag der Turmuhr. Herr Ryšánek sprach weich und breit, er war schwach, aber er schwieg und haßte mit demselben Heldenmut.

Da geschah etwas.

Es war am Mittwoch vor Sonntag Jubilate, als Herr Schlegl kam und sich niedersetzte. Er setzte sich nieder, stopfte seine Pfeife und stieß Rauchwolken aus, die wie aus einem Schornstein quollen. Der Wirt kam herein und ging direkt auf ihn zu. Er klopfte auf die Schnupftabakdose und gab die Prise. Als er die Dose wieder schloß und schüttelte, sagte er mit einem Blick zur Tür: »Heut werden wir Herrn Ryšánek also nicht zu sehen bekommen.«

Herr Schlegl antwortete nicht, mit steinerner Gleichgültigkeit schaute er vor sich hin.

»Dort der Herr Stabsarzt hat gesagt«, berichtete der Wirt weiter und drehte wieder den Rücken zur Tür, wobei sein Blick über das Gesicht des Herrn Schlegl glitt, »er ist heute morgen wie immer aufgestanden, da packte ihn ein derartiger Schüttelfrost, daß er sogleich wieder ins Bett mußte – schnell um den Doktor geschickt, schnell – Lungenentzündung. Der Herr Stabsarzt ist heute schon dreimal bei ihm gewesen – ein alter Mensch – man weiß nie – aber er ist in guten Händen. Hoffen wir das Beste!«

Herr Schlegl schnaufte mit geschlossenen Lippen. Er sagte kein Wort, verzog keine Miene. Der Wirt ging zum nächsten Tisch.

Ich ließ Herrn Schlegl nicht aus dem Auge. Lange blieb er ohne die geringste Bewegung, nur die Lippen öffneten sich und ließen den Rauch heraus, und manchmal rutschte das Pfeifenrohr aus einem Mundwinkel in den anderen. Dann trat ein Bekannter zu ihm. Sie unterhielten sich, und Herr Schlegl lachte einigemal laut. Mir war dieses Lachen zuwider.

Überhaupt benahm sich Herr Schlegl heute ganz anders als sonst. Sonst wie an seinen Platz festgenagelt, wie ein Soldat vor dem Schilderhaus, war er heute nicht seßhaft, sondern ging dahin und dorthin. Er spielte sogar eine Billardpartie mit dem Kaufmann Köhler. Er hatte bei jeder Partie Glück bis zum Doublée, und ich gestehe, daß ich ihm gönnte, daß ihm das Enddoublée kein einziges Mal glückte und Herr Köhler ihn dabei immer einholte.

Dann setzte er sich wieder hin, rauchte und trank. Als jemand an seinen Tisch trat, redete Herr Schlegl lauter und in längeren Sätzen als je zuvor. Mir entging auch nicht die geringste Bewegung, ich sah deutlich, daß er sich innerlich freute und nicht das geringste Mitleid mit seinem kranken Feind empfand – er wurde mir widerwärtig. Einigemal schlich sein Blick auf Umwegen zum Buffet, wo der Herr Stabsarzt saß. Gewiß hätte er ihm gern die Hand gedrückt und zu verstehen gegeben, sich mit dem Kranken nicht zu viel Mühe zu geben. Ein schlechter Mensch, durch und durch schlecht.

Um die achte Stunde brach der Herr Stabsarzt auf. Er blieb beim dritten Tisch stehen. »Gute Nacht«, sagte er, »ich muß heute noch einmal nach dem Ryšánek sehen. Es ist Vorsicht geboten.«

»Gute Nacht«, grüßte Herr Schlegl kalt.

An jenem Tage trank Herr Schlegl vier Glas und blieb bis halb neun. –

Tage, Wochen vergingen. Nach einem kühlen, feuchten April kam ein warmer Mai, wir hatten in diesem Jahr einen herrlichen Frühling. In einem schönen Frühjahr ist die Kleinseite ein Paradies. Der Laurenziberg ist ein einziges weißes Blühen, als ob überall Milch aus ihm überlaufen würde, die ganze Kleinseite atmet Fliederduft.

Herr Ryšánek war bereits außer Gefahr. Der Frühling wirkte auf ihn wie Balsam. Ich hatte ihn schon beim Spaziergang in den Anlagen getroffen. Er ging langsam, auf einen Stock gestützt. Schon immer mager, war er es jetzt noch viel mehr, sein Unterkiefer hing jetzt dauernd herab. Das Kinn mit einem Tuch hochbinden, die müden Augen zudrücken und ihn in den Sarg legen ...

Aber allmählich erholte er sich doch wieder.

Zu »Steinitz« kam er nicht. Dort residierte am dritten Tischchen Herr Schlegl stets allein und drehte sich und saß, wie er wollte.

Schließlich – es war schon Ende Juni, am Tag Peter und Paul – sah ich Herrn Ryšánek und Herrn Schlegl wieder beisammen. Herr Schlegl saß wieder wie angenagelt, und beide drehten den Rücken gegen das Fenster.

Die Nachbarn und Bekannten kamen und gaben Herrn Ryšánek die Hand. Jeder hieß ihn herzlich willkommen, der Greis war freudig bewegt, lächelte, sprach ganz sanft, war gerührt. Herr Schlegl schaute zum Billardtisch und rauchte.

Als Herr Ryšánek wieder allein war, schaute er immerwährend zum Buffet hinüber, wo sein Arzt saß. Eine dankbare Seele!

Wieder schaute ich hinüber, als Herr Schlegl plötzlich seinen Kopf ein wenig zur Seite wandte. Sein Blick kroch langsam vom Fußboden zu Herrn Ryšánek hinauf, über dessen spitzes Knie bis zur Hand, die am Rand des Tisches wie ein mit Leder überzogenes Skelett lag; eine Weile ruhte der Blick auf dieser Hand, dann stahl er sich höher, bis er das herabhängende Kinn, das ausgemergelte Gesicht erreichte – der Blick berührte es nur und huschte fort, und der Kopf hob sich wieder.

»Wieder gesund? Das ist aber eine Freude!« sagte der Wirt überschwenglich – er kam erst jetzt aus der Küche oder aus dem Keller. Sobald er Herrn Ryšánek erblickt hatte, war er rasch auf ihn zugekommen. »Also gesund und uns wieder geschenkt – Gott sei Dank!«

»Ja, Gott Lob und Dank«, lächelte Herr Ryšánek, »noch einmal davongekommen. Ich fühle mich schon, wie sich's gehört.«

»Herr Ryšánek rauchen ja nicht – noch keinen Appetit auf ein Pfeifchen?«

»Heute hab ich zum erstenmal Appetit – rauchen wir uns also eine Pfeife an!«

»So ist es recht, das ist ein gutes Zeichen«, sagte der Wirt, schloß seine Schnupftabakdose, klopfte darauf, bot auch Herrn Schlegl irgendwie feierlich an und ging.

Herr Ryšánek legte die Pfeife heraus und griff in den Rockschoß nach dem Tabakbeutel. Er schüttelte den Kopf, griff ein zweites, ein drittes Mal, dann rief er den Pikkolo. »Spring zu mir nach Haus – weißt du, wo ich wohne? Ja, hier am Eck. Sie sollen dir meinen Tabakbeutel geben, er muß auf dem Tisch liegen.« Der Junge lief hinaus.

Herr Schlegl rührte sich. Er griff mit der rechten Hand langsam nach seinem offenen Tabakbeutel, der auf dem Tisch lag, und schob ihn Herrn Ryšánek hinüber. »Gefällig? Ich habe Dreikönigstabak, gemischt mit Rotem«, sagte er in seiner abgehackten Art und räusperte sich.

Herr Ryšánek gab keine Antwort. Herr Ryšánek blickte nicht auf. Sein Kopf blieb abgewandt, steinerne Gleichgültigkeit wie in all den elf Jahren vorher.

Einigemal zitterte die Hand, der Mund schloß sich.

Die rechte Hand Herrn Schlegls blieb auf dem Tabakbeutel wie festgeforen liegen, seine Augen hefteten sich auf den Fußboden, bald zog er an der Pfeife, bald räusperte er sich.

Da kam der Pikkolo zurück.

»Danke, da hab ich ja schon meinen«, sagte Herr Ryšánek erst jetzt, ohne aufzublicken. »Ich rauche auch Dreikönigstabak, mit Rotem gemischt«, fügte er nach einer Weile hinzu; er mochte fühlen, daß er doch etwas sagen müsse.

Er stopfte, zündete an und zog.

»Schmeckt's?« brummte Herr Schlegl mit einer hundertmal rauheren Stimme als sonst.

»Es schmeckt – Gott sei Dank.«

»Ja, Gott sei Dank«, wiederholte Herr Schlegl. Um seinen Mund zuckten die Muskeln wie Blitze am dunklen

Himmel, und rasch fügte er hinzu: »Wir hatten schon Schlimmes für Sie befürchtet.«

Jetzt erst wandte ihm Herr Ryšánek langsam den Kopf zu. Die Blicke der beiden Männer begegneten einander.

Von dieser Stunde an sprachen Herr Ryšánek und Herr Schlegl am dritten Tisch miteinander.

Doktor Weltverderber

Sie hatten ihn nicht immer so genannt, erst nach einem gewissen Vorfall, aber der war so seltsam, daß er in die Zeitung kam. Eigentlich hieß er Herr Heribert und mit seinem Taufnamen irgendwie ganz ungewöhnlich, nur daß ich nicht mehr weiß wie. Herr Heribert war Arzt; damit ich die volle Wahrheit sage: er war tatsächlich zum doctor medicinae promoviert, aber er heilte ganz und gar niemanden und ganz und gar nichts. Er müßte sich selbst dazu bekennen, daß er von der Zeit an, als er als Student die Kliniken besucht hatte, keinen einzigen Kranken unter den Händen gehabt hatte. Und er hätte sich wohl auch bereitwillig dazu bekannt, wenn er nur überhaupt mit jemandem gesprochen hätte. Aber er war ein mehr als eigentümlicher Mensch.

Doktor Heribert war der Sohn eines Doktors Heribert, des sehr beliebten zweiten Arztes der Kleinseite. Die Mutter war früh gestorben und der Vater kurz vor der Promotion des Sohnes, und diesem blieb am Oujezd ein einstöckiges Haus und wohl auch etwas Geld, aber nicht viel. In diesem Häuschen ließ sich Dr. Heribert junior nieder. Zwei kleine Läden im Erdgeschoß auf die Straße zu, eine Wohnung im ersten Stock nach vorn trug ihm etwas Mietzins ein, er selbst wohnte im ersten Stock gegen den Hof, und zu ihm führte unmittelbar aus dem Hof eine eigene Treppe, mit einem gleich unten im Hof verschlossenen Gitter, und die Treppe war unbedeckt. Wie es bei ihm in der Wohnung aussah, das weiß ich nicht, daß er aber sehr einfach lebte, das weiß ich. Einer der beiden Läden war eine Hökerei, die Hökerin bediente den Herrn Doktor, und ihr Sohn, das Joseflein, war mein Kamerad – wir sind schon lange, sehr lange auseinandergekommen, weil das Joseflein Kutscher beim Herrn Erzbischof und stolz geworden war. Aber von ihm hatte ich erfahren, daß sich der Herr Doktor Heribert das Frühstück selber kocht, zum Mittagessen in irgendein billiges Speiselokal in der Altstadt geht und das Abendessen irgendwie erledigt.

Dr. Heribert der Jüngere hätte auf der Kleinseite genug Zuspruch gehabt, wenn er nur gewollt hätte. Nach dem Tod des Vaters übertrugen die Patienten ihr Vertrauen auf ihn, aber, ob ein Reicher oder ein Armer kam, er nahm sich keines an und ging nirgendwohin. Allmählich hörte denn das Zutrauen auf, die Leute rundum begannen ihn für so etwas zu halten, was man einen »verkrachten Studenten« nennt, und später machten sie sich lustig: »Ja, ein Doktor – aber nicht einmal die Katz würd ich ihm anvertrauen!« Den Doktor Heribert kümmerte das, so schien es, nicht allzuviel. Es mochte ihm überhaupt nichts an Menschen liegen. Er grüßte niemanden und dankte keinem Gruß. Ging er in der Gasse, so war es, als triebe der Wind ein welkes Blatt hin und her. Er war von fast kleiner Gestalt – nach dem neuen Maß hatte er an die anderthalb Meter –, und dieses trockene Figürchen steuerte so durch die Gasse, daß es von den anderen Menschengestalten immer wenigstens zwei Schritte entfernt war. Daher der schwankende Gang. Sein blaues Auge war irgendwie scheu wie das Auge eines geprügelten Hundes. Sein Gesicht war von einem hellbraunen Bart überwachsen – ein solch bärtiges Gesicht war nach damaligen Ansichten etwas ganz Ungehöriges. Im Winter, wenn er einen grauen Müllerkalmuck trug, fiel das Köpfchen unter der Tuchmütze tief in den Kragen aus Astrachan, und im Sommer, wenn er einen leichten, grauen, karierten Anzug trug oder ein noch leichteres Leinengewand, neigte sich das Köpfchen wie auf einem dünnen Stengel. Im Sommer ging er schon um die vierte Morgenstunde in die Anlagen auf den Marienschanzen, und hier setzte er sich mit irgendeinem Buch in der Hand auf eine abseitige Bank. Es geschah, daß ein gutherziger Kleinseitner Nachbar sich zu ihm setzte und zu sprechen begann. Aber Dr. Heribert stand auf, klappte sein Buch zu und ging, ohne ein Wort geantwortet zu haben. Schließlich ließen sie ihn links liegen. Ja, so weit brachte es dieser Dr. Heribert, daß sich trotz seiner wohl kaum erst vierzig Jahre von allen Kleinseitner Jungfrauen aber auch nicht mehr eine um ihn kümmerte.

Plötzlich aber geschah etwas – ich sagte es schon, selbst in die Zeitung kam es. Und davon will ich erzählen.

Es war ein herrlicher Junitag. So ein Tag, an dem uns vorkommt, das Lächeln einer tiefsten Zufriedenheit strahlte aus Himmel und Erde und den Gesichtern aller Menschen. Und an diesem Tag bewegte sich am späten Nachmittag ein prachtvolles Begräbnis durch Oujezd zum Tor. Sie begruben da Herrn Schepeler, Rat der Landes- oder Ständerechnungskammer, wie man damals sagte. Gott verzeih uns, aber tatsächlich schien dieses zufriedene Lächeln auch über dem Leichenzug zu ruhen! Das Gesicht des Toten war zwar nicht zu sehen, weil es bei uns nicht wie im Süden üblich ist, die Toten im offenen Sarg zu Grabe zu tragen, damit sie sich, bevor sie in die Grube sanken, in der Sonne wärmten. Aber, abgesehen von einem gewissen schicklichen Ernst, konnte sich eine gewisse allgemeine Zufriedenheit nicht verleugnen. Sie lag an diesem wunderschönen Tag den Leuten irgendwie in allen Gliedern – sehen wir zu, wie wir damit zurechtkommen!

Am meisten zufrieden waren wohl die Praktikanten der Landesämter, welche den Herrn Rat auf der Bahre trugen. Sie hatten sich das nicht nehmen lassen. Zwei Tage waren sie aufgeregt gewesen und von Kanzlei zu Kanzlei gelaufen; jetzt schritten sie stolz und gemessen unter ihrer Last, jeder davon überzeugt, daß auf ihm die Blicke der Welt ruhten, und diese Welt flüsterte: »Das sind die ständischen Praktikanten!« Zufrieden war weiter der lange Herr Doktor Link, welcher nach der nur achttägigen Krankheit des entschlafenen Herrn Rates von dessen Witwe zwanzig Dukaten Honorar erhalten hatte; die ganze Kleinseite wußte das schon; er ging jetzt mit ein wenig vorgeneigtem Haupt, als denke er nach. Zufrieden war der Nachbar Ostrohradský, seines Zeichens Riemer und der nächste Verwandte des Herrn Rat. Bei Lebzeiten hatte ihn der Herr Onkel zwar vernachlässigt, aber jetzt wußte Herr Ostrohradský schon, daß ihm ins Geschäft fünftausend Goldgulden zugesprochen worden waren, und einigemal hatte er zu dem Herrn

Bierbrauer Kejřík im Leichenzug die Bemerkung gemacht: »Er hatte doch einen guten Kern!« Ostrohradský ging gleich hinterm Sarg und neben ihm der beleibte, vor Gesundheit strahlende Herr Kejřík, der beste und vertrauteste Freund des Gottseligen. Hinter diesen beiden gingen die Herren Kdojek, Mužík und Homann, allesamt Räte des Landesrechnungsamtes, aber im Dienstgrad niedriger als der entschlafene Schepeler; auch sie waren sichtbar zufrieden. Ja, wir müssen leider sagen, daß sich selbst Frau Marie Schepeler, welche allein im ersten Fiaker saß, der allgemeinen Zufriedenheit nicht entziehen konnte, daß aber, leider Gottes, ihre Zufriedenheit nicht mit der Junistimmung zusammenhing. Dieses gute Frauchen war zwar ein Weib, aber schon den dritten Tag der Gegenstand des aufrichtigen Mitgefühls so vieler Menschen zu sein, das nimmt her. Dann paßte auch das schwarze Trauerkleid zu ihrer schlanken Gestalt ganz reizend, und ihr immer etwas bleiches Gesicht nahm sich im Rahmen des schwarzen Schleiers hübsch aus.

Der einzige, der schwer am Tode des Herrn Rat trug und sich im Inneren eines unangenehmen Gefühls nicht erwehren konnte, war der Bierbrauer Herr Kejřík, noch Junggeselle und, wie schon erwähnt, der beste und vertrauteste Freund des im Herrn Entschlafenen. Es handelt sich darum, daß ihm schon gestern die junge Witwe in aller Deutlichkeit ihre Erwartung zu verstehen gegeben hatte, indem sie erklärte, daß sie sich jetzt geziemend belohnt fühle dafür, daß sie ihm schon zu Lebzeiten ihres Ehegatten – so treu gewesen sei. Als heute der Nachbar Ostrohradský zum ersten Male gesagt hatte: »Er hatte doch einen guten Kern«, hatte Herr Kejřík geantwortet:

»Keineswegs, sonst hätte er länger hier ausgehalten.« Und dann hatte er Herrn Ostrohradský gar nicht mehr geantwortet.

Der Leichenzug erreichte langsam das Oujezder Tor. Damals war dieses Tor noch nicht wie heute zum Wegblasen, es wand sich zwischen schweren Schanzen und Basteien, zwei lange, gewundene und dunkle Durchgänge folgten einander, das richtige Vorspiel für die Gräber auf dem Friedhof hinter dem Tor.

Der Paradeleichenwagen war dem Leichenzug voraus und hielt am Tor. Die Priester drehten sich um, die jungen Männer ließen die Totenbahre langsam auf die Erde nieder, und die Einsegnung begann. Die Kutscher zogen die bewegliche Unterlage aus dem Wagen. Jetzt geschah es! Ob sie nun an der einen Seite zu heftig zugefaßt hatten oder ob sie auf beiden Seiten gleich ungeschickt waren – plötzlich stieß der Sarg mit dem schmalsten Ende gegen die Erde, und der Deckel fiel laut herab. Die Leiche blieb zwar im Sarg, aber sie rutschte leicht in die Knie, und die rechte Hand glitt aus dem Sarg heraus.

Die Bestürzung war allgemein. Mit einem Schlag wurde es so still, daß der Nachbar das Ticken der Uhr in der Tasche des Nachbarn hören konnte. Die Blicke aller bohrten sich in das reglose Gesicht des toten Rates. Und an dem Sarg stand – Doktor Heribert. Er kehrte eben von einem seiner Spaziergänge durch das Tor zurück, schwankte in dem Menschenhaufen hin und her, plötzlich mußte er direkt hinter den Priestern stehenbleiben, und jetzt war sein graues Mäntelchen direkt neben dem schwarzen Totenhemd.

Das dauerte einen Augenblick. Unwillkürlich griff

Heribert nach der herabhängenden Hand, wie um sie wieder in den Sarg zu legen. Aber er behielt sie in seiner Hand, seine Finger spielten unruhig, und seine Augen ruhten prüfend auf dem toten Gesicht vor ihm. Jetzt hob er die Hand und schob das Lid vom rechten Auge des Toten zurück.

»Nun, was ist denn das?« schrie Ostrohradský. »Warum bringt man das nicht in Ordnung? Sollen wir so stehenbleiben?«

Einige junge Männer wollten zufassen.

»Vorsicht!« rief der kleine Heribert mit unglaublich lauter und klangvoller Stimme. »Dieser Mann ist nicht tot!«

»Unsinn! – Sie sind ein Narr!« schrie Herr Doktor Link.

»Wo ist die Polizei?« schrie Ostrohradský dazwischen.

Alle Gesichter zeigten die höchste Verwirrung. Nur der Bierbrauer Kejřík war rasch zu dem ruhigen Heribert getreten. »Und was soll geschehen?« fragte er voll Eifer. »Ist er – ist er tatsächlich nicht tot?«

»Nein. Er ist nur starr. Jetzt tragt ihn rasch in ein Haus, damit wir versuchen, ihm zu helfen.«

»Der ausgemachteste Irrsinn!« schrie Herr Doktor Link. »Wenn der nicht tot ist, dann –«

»Wer ist das?« fragte Ostrohradský.

»Ein Doktor soll es sein –«

»Der Doktor Weltverderber! – Polizei!« brüllte der Riemer, dem die Hoffnung auf die fünftausend beinahe zerschlagen war.

»Der Doktor Weltverderber«, wiederholten die beiden Herrn Räte Kdojek und Mužík.

Aber schon trug der aufopferungsvolle Freund Herr Kejřík mit einigen jungen Männern den Sarg langsam ins nächste Gasthaus, »Zum Kalkofen«.

In der Gasse entstand ein geradezu stürmischer Lärm und Tumult. Der Leichenwagen wendete, die Kutschen drehten um, der Herr Kdojek rief: »Gehen wir – wir werden schon alles erfahren!«, aber keiner wußte, was tun. »Gut, daß Sie kommen, Herr Kommissär!« rief Ostrohradský dem ankommenden Polizeibeamten zu. »Hier begibt sich eine schreckliche, eine unstatthafte Komödie – Leichenschändung am hellichten Tag – vor dem halben Prag –«, und er führte den Kommissär in den »Kalkofen«. Doktor Link verschwand. Schon nach einer Weile war Ostrohradský wieder draußen, hinter ihm der Kommissär. »Geht, bitte, auseinander«, sagte dieser zu der Menschenansammlung, »niemand darf hinein! Doktor Heribert versichert, daß er den Herrn Rat zu sich bringt.«

Die Frau Rat wollte aus ihrer Kutsche heraus, aber sie fiel in Ohnmacht. Die Freude kann manchmal töten. Jetzt trat Herr Kejřík eilig heraus und trat zur Kutsche, wo sich die Frauen um die ohnmächtige Frau Rat bemühten. »Führt sie langsam nach Haus, daheim wird sie zu sich kommen«, riet er. Dann brummte er vor sich hin: »Sie ist doch entzückend – so entzückend!« Er wandte sich um, sprang in eine Kutsche und fuhr dorthin, wohin Doktor Heribert ihn geschickt hatte.

Die Wagen fuhren auseinander, die Trauergesellschaft verlief sich. Aber der Oujezd war ums Tor ununterbrochen voll von Menschen, und die Polizeiwache mußte vor dem Haus für Ordnung sorgen. In den Gruppen wurden die merkwürdigsten Dinge erzählt. Rasch verleumdeten die einen Doktor Link und redeten ihm übel nach, gleichzeitig verspotteten die anderen den Doktor Heribert. Von Zeit zu Zeit zeigte sich in aller Eile Herr Kejřík und stammelte mit rotglühendem Gesicht: »Wir haben die beste Hoffnung – ich habe schon selbst den Puls gespürt. Dieser Doktor zaubert! – Er atmet!« rief er schließlich ganz entzückt und warf sich in die bereitstehende Kutsche, um der Frau Rat diese freudige Botschaft zu überbringen.

Schließlich trugen sie, spät am Abend, schon gegen die zehnte Stunde, aus dem »Kalkofen« eine zugedeckte Bahre. Auf der einen Seite ging Doktor Heribert, auf der anderen Seite der Kommissär.

Aber es gab auf der Kleinseite kein einziges Gasthaus, das nicht bis über Mitternacht gerammelt voll gewesen wäre. Von nichts anderem wurde geredet als von der Auferweckung des Herrn Rat Schepeler und von Doktor Heribert. Und es wurde fieberhaft geredet.

»Der weiß mehr, als was in der lateinischen Kuchel zu finden ist!«

»Wenn man ihn nur ansieht, sieht er's sogleich. Schon sein Vater war ein hervorragender – ein ausgezeichneter Arzt! Das vererbt sich.«

»Warum er nur nicht praktizieren will? – Der müßte sich wie irgendein Hofrat zu stehen kommen!«

»Er hat wohl Geld, das ist es.«

»Warum nennen sie ihn Doktor Weltverderber?«

»Weltverderber? Das habe ich noch nicht gehört.«

»Ich habe es heut hundertmal gehört.« –

Nach zwei Monaten amtierte der Herr Rat Schepeler wieder wie vordem. »Gott im Himmel und Doktor Heribert auf Erden!« sagte er. Und ein andermal wieder: »Dieser Kejřík ist ein Diamant!« –

Die ganze Stadt sprach von Doktor Heribert. Die Zeitungen schrieben über ihn wohl in der ganzen Welt. Die Kleinseite war stolz. Man erzählte sich wunderliche Dinge. Barone, Grafen, Fürsten bewarben sich um Doktor Heribert als Leibarzt. Sogar ein gewisser regierender italienischer König machte ihm ein geradezu unerhörtes Angebot. Überhaupt bewarben sich am angelegentlichsten um ihn alle jene, über deren Tod sich viele Menschen gefreut hätten. Aber Doktor Heribert blieb wie vernagelt. Ja, es wurde erzählt, die Frau Rat habe ein Säckchen voll Dukaten zu ihm getragen, sei aber nie bis zu ihm gekommen, schließlich soll er sie von der Pawlatsche herunter mit Wasser begossen haben.

Wieder war zu sehen, daß ihm nichts an Menschen lag. Sie grüßten ihn, aber er dankte nie. Wie früher wankte er durch die Gassen, und sein durchsichtiges, trockenes Köpfchen schwankte ängstlich wie die Fruchtkrone einer Blume. Kranke empfing er nicht. Dennoch nannte man ihn allgemein »Doktor Weltverderber«. Das war wie vom Himmel gefallen.

Ich habe ihn schon mehr als zehn Jahre nicht gesehen, ich weiß nicht einmal, ob er noch lebt. Sein kleines Haus am Oujezd steht wie eh und je und wie unberührt. Ich muß mich einmal nach ihm erkundigen.

»Zu den drei Lilien«

Ich glaube, ich war damals von Sinnen. Jede Ader pochte, das Blut kochte.

Es war eine warme, dunkle Sommernacht. Die schwefelige, tote Luft der letzten Tage hatte sich endlich zu schwarzen Wolken zusammengeballt. Gegen Abend trieb sie ein Sturm vor sich her, dann entlud sich ein mächtiges Gewitter, ein Platzregen prasselte nieder, und Gewitter und Regen hielten bis in die späte Nacht an. Ich saß unter der hölzernen Laube des Gasthauses »Zu den drei Lilien« in der Nähe des Strahower Tores – ein kleines Gasthaus, das damals nur an den Sonntagen mehr besucht war, wenn sich im kleinen Salon Kadetten und Korporale beim Tanz zu den Klängen eines Pianos vergnügten. Heute war Sonntag. Ich saß allein unter der Laube am Tisch beim Fenster. Mächtige Donnerschläge dröhnten Schlag um Schlag, der Regen schlug auf das Ziegeldach über mir, das Wasser stürzte in spritzenden Bächen zur Erde, und das Piano im Salon verschnaufte nur kurz, immer wieder erklang es von neuem. Ab und zu schaute ich durch das offene Fenster auf die tanzenden, lachenden Paare; dann und wann schaute ich in den dunklen Vorgarten hinaus. Manchmal, wenn ein Blitz grell aufflammte, sah ich an der Gartenmauer und am Ende der Laube einen Haufen weißer Menschenknochen. Hier war ehemals ein kleiner Friedhof gewesen, und in dieser Woche hatte man die Skelette ausgegraben, um sie wegzuschaffen. Der Boden war aufgewühlt, die Gräber standen offen.

Ich hielt es an meinem Tisch nur kurze Zeit aus.

Immer wieder erhob ich mich und ging für eine Weile an die weit offenstehende Tür des kleinen Salons, um die Tanzenden von nahe zu betrachten. Mich fesselte ein schönes, etwa achtzehnjähriges Mädchen von schlankem Wuchs, mit vollen warmen Formen, offenen schwarzen Haaren, die im Nacken kurz geschnitten waren, einem rundlichen glatten Gesicht, hellen Augen – ein schönes Mädchen! Besonders zogen mich ihre Augen an. Klar wie Wasser, wie ein Wasserspiegel rätselhaft, ruhelose Augen, die an das Wort erinnerten: »Eher sättigt sich das Feuer an Holz und das Meer an Wasser als eine Schönäugige an Männern.«

Sie tanzte so gut wie ununterbrochen. Aber sie merkte wohl, daß sie meine Blicke anzog. Wenn sie an der Tür, in der ich stand, vorbeitanzte, starrte sie mich an, und wenn sie in dem kleinen Salon weitertanzte, sah und fühlte ich, daß sie mich bei jeder Wendung mit ihrem Blick festhielt. Ich bemerkte nicht, daß sie mit jemandem gesprochen hätte.

Schon wieder stand ich dort. Unsere Blicke fanden sich sofort, obwohl sie in der hintersten Reihe stand. Die Quadrille ging zu Ende, die fünfte Tour klang aus, da kam ein anderes Mädchen in den Saal gelaufen. Es war außer Atem und ganz durchnäßt. Es drängte sich zu der Schönäugigen durch. Die Musik begann die sechste Tour. Über die erste Kette hinweg flüsterte das eben gekommene Mädchen der Schönäugigen etwas zu, und diese nickte schweigend mit dem Kopf. Die sechste Tour dauerte länger, ein forscher junger Kadett führte sie an. Als sie beendet war, blickte die Schönäugige noch einmal nach der Gartentür, dann ging sie durch die vordere Tür des Salons hinaus. Ich sah, wie sie draußen das Oberkleid über den Kopf zog und verschwand.

Ich ging und setzte mich wieder auf meinen Platz. Das Gewitter hatte sich noch nicht ausgetobt, es brach von neuem los, der Wind brauste, Blitze fuhren nieder. Ich hörte erregt zu, dachte aber nur an das Mädchen, an seine wundervollen Augen. An Heimgehen war jetzt nicht zu denken.

So nach einer Viertelstunde schaute ich wieder durch die Tür in den Salon. Da stand die Schönäugige wieder. Sie brachte die durchnäßten Kleider in Ordnung, wischte sich über das feuchte Haar, eine ältere Freundin half ihr.

»Warum bist du bei einem solchen Wetter nach Hause gegangen?« fragte diese.

»Meine Schwester kam mich holen.«

Ich hörte jetzt zum erstenmal ihre Stimme. Sie war seidenweich und klang voll.

»Ist bei dir zu Hause was geschehen?«

»Die Mutter ist eben gestorben.«

Ich erschrak.

Die Schönäugige drehte sich um und trat heraus. Sie stand neben mir, ihr Blick ruhte auf mir, ich spürte ihre Hand neben meiner zitternden Hand, ich ergriff sie, sie war so weich.

Schweigend zog ich das Mädchen tiefer und tiefer in die Laube, es folgte willig.

Das Unwetter tobte. Der Regen rauschte wie eine Flut, Himmel und Erde tosten, über uns wälzten sich die Donner, rings um uns schienen die Toten aus ihren Gräbern zu schreien.

Sie schmiegte sich an mich. Ich spürte ihr feuchtes

Kleid an meiner Brust, spürte ihren weichen Körper, ihren warmen Atem – mir war, ich müßte die verruchte Seele aus ihr trinken.

Die Messe des heiligen Wenzel

Ich saß unten auf der Treppe, die zum Kirchenchor emporführte, und atmete kaum. Durch die geschlossene Tür im Gitter sah ich in den Dom, rechts zum silbernen Grabmal des heiligen Johannes von Nepomuk und querüber auf der anderen Seite zur Sakristei. Es war schon lange nach dem Nachmittagssegen, der Dom des heiligen Veit war leer. Nur beim Grab des heiligen Johannes kniete noch meine fromme Mutter, ins Gebet versunken, und aus der Kapelle des heiligen Wenzel trat der alte Kirchendiener, der seinen letzten Rundgang machte. Er ging drei Schritt von mir entfernt vorüber, bog zum Ausgang unter dem Königsoratorium, klapperte mit dem Schlüssel, drehte ihn im Schloß herum und drückte, um sicher zu sein, die Klinke herunter. Dann ging er weiter, und jetzt erhob sich auch meine Mutter, bekreuzigte sich und ging neben dem Kirchendiener. Das Grabmal verdeckte mir beide, ich hörte nur ihre hallenden Schritte, einige Worte ihres Gesprächs, dann tauchten sie auf der anderen Seite bei der Sakristei wieder auf. Hier schlug der Mesner die Tür zu, wieder rasselte das Schloß, knackte die Klinke, und jetzt gingen sie zum rechten Ausgang. Zweimal noch klang das Eisen von Schlössern, dann war ich in der Kirche allein und eingeschlossen.

Ein seltsames Gefühl durchbebte mich, heiß lief es mir über den Rücken, aber alles das war mir nicht unangenehm.

Ich sprang rasch auf, zog mein Taschentuch heraus und band es so fest wie möglich um die Tür im Gitter, die nur zugezogen, aber nicht verschlossen war. Dann lief ich über die Stufen hinauf bis zum ersten Absatz des Chors, drückte mich gegen die Mauer und setzte mich wieder auf eine Stufe. Ich hatte beides aus Vorsicht getan, denn ich war fest davon überzeugt, daß sich die Domtüren noch einmal öffnen und durch sie in langen Sätzen die Kirchenhunde zur nächtlichen Wache hereinspringen würden. Nie hatten wir Ministranten diese Kirchenhunde gesehen, nicht einmal bellen hatten wir sie gehört, aber wir erzählten unter uns, daß ihrer drei seien, große, gescheckte, böse Tiere, die genauso aussehen wie die Dogge König Wenzels auf dem Bild hinter dem Hauptaltar. Angeblich bellten sie nie, ein Zeichen dafür, wie böse sie waren.

Ich wußte, daß große Hunde auch eine Klinke öffnen können, deswegen hatte ich die untere Tür mit meinem Taschentuch festgebunden. Ich nahm an, daß sie hier herauf auf die Rampe nicht gelangen könnten. Und am Morgen, nachdem der Kirchendiener sie wieder hinausgeführt hätte, könnte ich ohne Gefahr herunterkommen. Ja, ich hatte mir vorgenommen, die Nacht im Sankt-Veits-Dom zu verbringen. Selbstverständlich geheim. Das war mir sehr wichtig. Wir Buben wußten nämlich ganz sicher, daß an jedem Tag genau um Mitternacht der heilige Wenzel in seiner Kapelle die heilige Messe liest. Um ehrlich zu sein – ich selbst hatte diese Nachricht unter meinen Kameraden verbreitet. Ich hatte sie aber aus guter, vollkommen zuverlässiger Quelle. Der Kirchendiener Havel – er wurde wegen seiner ungewöhnlich langen, prächtigen Nase Havel Truthahn genannt – hatte davon daheim bei meinen Eltern erzählt, und dabei hatte mich sein Seitenblick gestreift, wodurch ich erriet, daß er nicht wollte, ich möchte dieses Geheimnis erfahren. Ich teilte es aber meinen beiden besten Kameraden mit, und wir beschlossen, uns diese Mitternachtsmesse einmal anzuschauen – der heilige Wenzel war unser Ideal. Ich als Haupteingeweihter hatte natürlich den Vorrang, und heut saß ich also als erster unseres Dreibundes auf dem unteren Chor, eingeschlossen und abgeschlossen von aller Welt.

Daheim, das wußte ich, würde man mich heut nicht vermissen. Mit jener durchtriebenen Schläue, welche so manchen neunjährigen hellen Buben ziert, hatte ich der Mutter vorgelogen, daß unsere Tante in der Altstadt den Wunsch geäußert habe, ich möchte am Abend zu ihr kommen. Es war dann stets selbstverständlich, daß ich bei ihr übernachtete und mich am Morgen zur Rorate-Messe zu meinem Dienst als Ministrant wieder einfand. Was lag daran, wenn ich mich später verraten sollte? Ich konnte berichten, wie der heilige Wenzel die Messe liest! Ich werde dann, so schien mir, eine ebenso angesehene Persönlichkeit sein wie die alte Wimmerin, die Mutter des Hradschiner Tischlermeisters Wimmer, die einmal zur Zeit der Cholera mit eigenen Augen gesehen hatte, wie die Jungfrau Maria von den Kapuzinern in goldenem Mantel nachts über den Loreto-Platz gegangen war und die Häuser mit Weihwasser besprengt hatte. Die Leute freuten sich, dadurch die Seuche zu überleben. Als sie dann aber gerade in diesen Häusern noch grausamer wütete als vorher und anderswo, fiel ihnen erst die richtige Deutung ein, daß nämlich die Jungfrau Maria jene eingesegnet hatte, die zu ihr ins himmlische Königreich eingehen sollten.

Gewiß ist jeder, und sei es nur für kurze Zeit, schon einmal allein in einem menschenleeren Dom gewesen und weiß, wie mächtig die riesigen, stillen Räume aufs Gemüt wirken. Bei einem Kind mit reger Phantasie, das zudem etwas vollkommen Ungewöhnliches erwartet, steigerte sich dieses Gefühl ins Grenzenlose. Ich wartete eine Weile – es schlug ein Viertel – halb – und das Schlagen der Uhr fiel in den Dom wie in eine Höhle – aber an den Türen rührte sich nichts. Wußte man nicht, daß gerade heut der Dom bewacht werden müsse? Oder ließen sie die Hunde erst mit der Dunkelheit herein?

Ich erhob mich von der Stufe und richtete mich langsam auf. Durch das nächste große Fenster drang das Tageslicht nur noch müd und grau. Es war später November, schon nach Katharina, und der Tag kurz. Von draußen drang nur selten ein Geräusch herein, aber jedes klang laut. Gegen Abend wird es um den Dom traurig still. Nur manchmal hallte der schwere Schritt eines einzelnen Menschen. Nun hörte ich mehrere Schritte, und zwei vorübergehende Männer unterhielten sich mit rauhen Stimmen. Dann klang von fern ein dumpfes Rattern. Irgendein schwerer Wagen fuhr durch das Burgtor. Das Rattern wurde deutlicher, der Wagen mochte auf dem Domplatz angelangt sein. Immer lauter und näher klang das Rattern, Hufe klapperten, schwere Ketten klirrten, große Räder rollten, es mochte ein Militärwagen sein, der hier vorbei in die Sankt-Georgs-Kaserne fuhr. Das Poltern war so stark, daß die Kirchenfenster leise klirrten und im höchsten Chor die Spatzen unruhig piepsten. Bei diesem Piepsen atmete ich auf. Das Bewußtsein, daß hier irgendwo lebende Geschöpfe in meiner Nähe waren, rief mich aus der Verlorenheit zurück. Übrigens kann ich nicht sagen, in der Einsamkeit des Domes Bangigkeit oder Furcht empfunden zu haben. Warum auch? Ich war mir des Ungewöhnlichen meines Vorhabens bewußt, aber keines Fehlers. Kein Empfinden von Sündhaftigkeit beunruhigte oder bedrückte meine Seele, im Gegenteil! Ich fühlte mich begeistert und erhoben. Die fromme Hingabe machte aus mir ein besonderes, entrücktes Wesen; nie zuvor – und ich bekenne: auch niemals später – fühlte ich mich so vollkommen, so würdig, von anderen beneidet zu werden. Ich hätte vielleicht vor mir selber das Knie gebeugt, wenn das Kind die törichte Eigenliebe der Erwachsenen besäße. Anderswo und anderswann hätte ich mich wohl vor Gespenstern gefürchtet, aber hier in der Kirche war doch jedes Gespenst machtlos. Und die Geister der hier bestatteten Heiligen? Ich hatte heute und hier nur mit dem heiligen Wenzel zu tun, und dieser konnte sich an mir doch nichts als freuen, weil ich so viel wagte, um ihn in seiner Herrlichkeit und bei seinem Gottesdienst zu sehen. Sollte er es wünschen, werde ich ihm bereitwillig ministrieren, das metallbeschlagene Meßbuch von einer Seite des Altars auf die andere tragen und darauf achten, mit dem Glöckchen auch nicht einmal mehr als notwendig zu klingeln. Auch die Riemen unten an der Handorgel will ich ziehen, und singen will ich, so hell und schön, daß der heilige Wenzel in Tränen ausbricht, beide Hände auf meinen Kopf legt und sagt: »Ein braves Kind!«

Der laute Schlag der fünften Stunde riß mich aus meinem Hindämmern. Ich holte aus meiner Schultasche, die am Riemen über meine Schulter hing, das Lesebuch, legte es aufs Geländer und begann zu lesen. Die jungen Augen konnten es noch trotz der Dämmerung. Aber jeder kleinste Laut, der von draußen hereindrang, störte mich auf, und jedesmal hörte ich zu lesen auf, bis es draußen wieder totenstill war. Jetzt näherten sich plötzlich eilige Schrittchen. Genau vor dem Fenster hielten sie. Im Augenblick durchfuhr mich die freudige Gewißheit, daß dies meine beiden Freunde seien. Draußen ertönte auch schon unser gemeinsamer Pfiff. Ich zitterte vor Freude darüber, daß die Freunde an mich gedacht hatten und noch einmal hierhergelaufen waren – vielleicht bekommen die armen Kerle deswegen daheim Schläge! Gleichzeitig schwoll in mir der Stolz, daß sie mich jetzt bewundern, daß sie gern an meiner Stelle wären, wenn auch nur für eine Stunde – die ganze Nacht werden sie nicht schlafen können! Wie gern hätte ich sie für eine Stunde hereingelassen!

Jetzt rief Fritzchen – das Fritzchen des Schusters –, wie hätte ich ihn nicht erkennen sollen? Ich hatte ihn so gern, und nun hatte der arme Kerl den ganzen Tag Pech gehabt. In aller Frühe hatte er bei der ersten Messe dem Herrn Pfarrer das Wasser auf die Schuhe gegossen – Fritzchen guckte immer in der Kirche herum statt auf den Priester –, und am Nachmittag hatte ihn der Herr Lehrer erwischt, wie sich Fritzchen mit der Anynka vom Direktor abgeküßt und ihr ein Briefchen gegeben hatte – wir alle hatten sie gern, die Anynka, und sie uns alle drei auch. Und jetzt juchzte Kubíček – Kubíček, juhu! Wie gern hätte ich auch einen Juchzer von mir gegeben oder auch nur gepfiffen oder mich wenigstens mit lauter Stimme gemeldet, aber – ich war in einer Kirche. – Die Jungen sprachen laut, damit ich sie höre, manchmal schrien sie, aber ich verstand nur einige Worte. »Bist du drin?« – »Juhu, bist du drin?« – »Hast du keine Angst?« – Ich bin hier. Ich fürcht mich nicht! – Wenn sich jemand näherte, liefen sie ein Stückchen fort, kamen aber sogleich wieder. Mir war, ich sähe durch die Mauern jede ihrer Bewegungen, und mein Gesicht war voll von Lachen. – Jetzt klopfte es gegen das Fenster – ich erschrak. Sie warfen Steinchen. Und wieder! Zugleich erscholl über den Platz ganz nah eine laute Männerstimme – ich hörte den Mann schimpfen und die Jungen davonlaufen. – Sie kehrten nicht mehr zurück – ich wartete vergebens.

Zum erstenmal durchschauderte mich Bangigkeit. Ich schob das Buch in die Schultasche, ging zum andern Geländer hinüber und schaute hinunter in den Dom. Mir kam vor, alles sei jetzt trauriger als vorher, aus sich heraus und nicht wegen der Dunkelheit traurig. Die Dinge sah ich genau, ich hätte sie bei noch dichterer Dunkelheit unterschieden, ich kannte sie. Aber um die Säulen und vor den Altären schienen wie zur Passionszeit lange violette Leinwandstreifen zu hängen und alles mit einer Farbe, ja einer einzigen Farblosigkeit zu verhüllen. Ich beugte den Kopf über das Geländer. Dort, rechts, genau unter dem Königsoratorium brannte das Ewige Licht. Ein steinerner, frei in der Luft schwebender, lebensgetreu farbig bemalter Bergmann hält es in der Hand. Das Lichtlein strahlte so reglos und ohne zu flackern wie das stillste Sternchen am Himmel. Unter dem Licht sah ich den Fußboden aus regelmäßigen viereckigen Steinplatten, mir gegenüber die Kirchenbänke in dunkelbraunem Glanz, und über dem nächsten Altar schimmerte nur der goldene Saum vom Gewand eines hölzernen, buntbemalten Heiligen. Ich konnte mich beim besten Willen nicht daran erinnern, wie der Heilige bei Tageslicht ausgesehen hatte. Mein Blick huschte zurück zu dem steinernen, das Ewige Licht tragenden Bergmann. Sein Gesicht war von unten beleuchtet, die pausbackigen Formen wirkten unfertig, eine schmutzige rote Kugel; die Glotzaugen, vor denen wir uns bei Tage fürchteten, waren jetzt nicht zu erkennen. Etwas ferner ragte schattenhaft das Grabmal des heiligen Johannes von Nepomuk empor, an dem ich außer einigen funkelnden Stellen nichts erkennen konnte. Als mein Blick den Bergmann wieder berührte, kam mir vor, daß er den Kopf absichtlich wegen seines heimtückischen Lachens so weit zurückbog und daß sein Gesicht nur so rot angelaufen war, weil er dieses Lachen zurückzuhalten versuchte. Vielleicht grinste er mich von der Seite an und lachte mich aus. Angst überwältigte mich. Ich schloß die Augen und begann zu beten. Mir wurde sofort leichter, ich stand auf und schaute den Bergmann beherzt an. Das Lichtlein glänzte ruhig weiter. Im Turm schlug es sieben.

Ein neues unangenehmes Gefühl meldete sich. Ich zitterte vor Kälte. Draußen herrschte ein trockener Frost, im Innern des Domes war es kühl, ich hatte mich zwar gut, dennoch ungenügend angezogen. Schließlich meldete sich auch der Hunger. Die übliche Abendessenszeit war vorüber, und ich hatte vergessen, mir für mein Vorhaben etwas mitzunehmen. Ich war entschlossen, dem Hunger heldenhaft zu widerstehen, ja ich sah im Fasten eine würdige Vorbereitung auf die sich nähernde mitternächtliche Glückseligkeit. Aber die in den Körper eindringende Kälte ließ sich nicht durch den bloßen Willen verscheuchen, ich mußte mich bewegen, um mich zu erwärmen. Ich ging auf dem Chor auf und ab, dann kam ich bis zur untersten Orgel, hinter welcher die Treppe zum höchsten Hauptchor hinaufführt. Ich war mit allem vertraut und begann emporzusteigen. Die erste Stufe knarrte, und mir stockte der Atem. Ich stieg weiter, langsam und vorsichtig, so wie wir an Feiertagen emporsteigen, damit uns der Balgentreter an der Orgel nicht höre und nicht wieder hinunterjage, bevor wir nicht oben waren und uns hinter den Musikanten verstecken konnten.

Ich war auf dem Hauptchor. Langsam tat ich Schritt um Schritt, bis ich ganz vorne stand. Dort, wohin wir uns immer nur scheu hingewagt hatten und stets mit einem poetischen Schauder standen, war ich jetzt mutterseelenallein, von niemandem bewacht und beobachtet. Zu beiden Seiten der Orgel befinden sich die stufenweise ansteigenden Sitzreihen wie in einem antiken Theater. In der vordersten Reihe setzte ich mich nieder, neben die Trommeln. – Wer konnte mich jetzt daran hindern, diese Pauken einmal selbst zu schlagen, die uns so anlockten und imponierten? Ich berührte die nächste ganz zart auf dem Trommelfell, so vorsichtig wie eine Blüte, um ihren Staub nicht abzustreifen, dann tupfte ich mit der Spitze des Fingers stärker darauf; davon gab es einen zwar fast unhörbaren Ton, aber ich wagte es nicht noch einmal. Mir war, ich machte mich einer sündhaften Herausforderung schuldig.

Auf den Pulten und den höchsten Brüstungen lagen dunkel die großen Psalter. Auch sie hätte ich jetzt berühren dürfen, hätte versuchen können, ob sie nicht zu schwer waren, um sie hochzuheben; bei Tag hätte ich dieser Versuchung kaum widerstanden. Die riesengroßen Psalter waren uns stets so geheimnisvoll. Ihre Beschläge waren aus schwerem Messing; die Deckel schadhaft; die pergamentenen Blätter, die sich mit Hilfe von hölzernen Pfropfen umwenden ließen, waren schmutzig und abgegriffen: auf den Blättern leuchteten goldene und bunte Initialen, eine schwarze, altertümliche Schrift und in breiten Zeilen schwarze und rote Noten, so groß, daß wir sie noch aus der letzten, höchsten Bankreihe sehen konnten. Ein solcher Psalter mußte ungeheuer schwer sein, denn der hagere Burgtenor konnte ihn nicht von der Stelle bewegen – wir Buben konnten den langen Tenor nicht ausstehn –, und wenn einer von ihnen weitergereicht werden sollte, mußte es der dicke, rote Bassist tun, und selbst der schnaufte dabei. Diesen Bassisten hatten wir gern, seine tiefe Stimme ergriff uns, als strömte durch unseren Körper Musik, und bei Prozessionen hielten wir uns stets dicht bei ihm. – Genau hier und vor mir stand der Bassist immer beim Hochamt, und mit ihm sangen vom selben Blatt noch zwei andere Bassisten, aber schon nicht so mächtig wie er. Einen Schritt weiter links standen zwei Tenöre – aber was bedeutet schon ein Tenor? Dennoch schätzten wir einen von ihnen, den kleinen. Er schlug auch die Pauke, und wenn er die Schlegel in die Hand nahm und neben ihm der Herr Kaufmann Rojko, der Besitzer des Hauses »Zum steinernen Vogel«, die Posaune ansetzte, erlebten wir einen der feierlichsten Augenblicke. Noch weiter links standen die Sängerknaben, unter ihnen der allmächtige Regenschori. Ich höre seine ermahnenden Worte vor Beginn der Messe, das

Rascheln beim Austeilen der Noten, draußen das Brausen der Glocken – jetzt klingt das Glöcklein vor der Sakristei, die Orgel setzt mit dem Präludium ein, von dessen tiefen, langgezogenen Tönen der ganze Dom erzittert, der Regenschori schaut mit ausgestrecktem Hals zum Hauptaltar hinunter, plötzlich hebt er den bestaubten Taktstock, und mit einem Schlag wogt die volle, herrliche Musik, das feierliche Kyrie dröhnt, ich träumte die ganze Messe bis zum getragenen »Dona nobis pacem« – noch nie war und konnte eine Messe so herrlich sein, wie ich sie jetzt in meiner Vorstellung sah und hörte, der Baß erklang in nie vorher geahnter Anmut, immer wieder jubelte er in den vollen Strom der Trommeln und Posaunen. Ich weiß nicht, wie lange diese Messe in meiner Seele gedauert hatte, mir schien, daß, während die zauberhaften Klänge emporbrausten, aus dem Turm die Schläge der Uhr herabtönten. Plötzlich durchfuhr mich wieder ein Frösteln, unwillkürlich erhob ich mich.

Im Gewölbe des Mittelschiffes schien ein zarter silberner Schimmer zu schweben. Durch die vielen Fenster drang das Licht der Sternennacht, vielleicht auch das des Mondes. Ich trat auf die Stufe vor dem Geländer und blickte in den Dom hinunter. Ich atmete tief, und meine Lunge füllte sich mit dem jeder Kirche eigentümlichen Geruch von Weihrauch und Moder. Unter mir schimmerte der weiße Marmor eines großen Grabmals, ihm gegenüber funkelte über dem Hochaltar das zweite Ewige Licht, und über die vergoldeten Altarwände glitt ein zarter, rosiger Hauch. Schon jetzt war ich voll frommer Schauder – wie erst würde die Messe des heiligen Wenzel sein! – Die Glocken im Turm werden nicht läuten, die Welt würde es hören, und das sagenhafte Geheimnis wäre zerstört. Vielleicht aber erklingt das helle Glöckchen vor der Sakristei, die Orgel ertönt, und dann bewegt sich im zauberhaften Schein des gedämpften Lichtes der Zug um den Hochaltar und durch das rechte Schiff in die Kapelle des heiligen Wenzel. Der Zug wird wie beim sonntäglichen Nachmittagssegen geordnet sein, anders konnte ich es mir nicht denken.

Voran auf roten Stangen funkelten Metall-Laternen, wahrscheinlich von Engeln getragen – wer sonst sollte es tun? Dann – wer aber sollten die Sänger sein? Höchstwahrscheinlich gehen zu zweit jene Gestalten, deren steinerne, buntbemalte Büsten sich oben im Triforium befinden: die böhmischen Könige, die Königinnen aus dem luxemburgischen Geschlecht, die Erzbischöfe, die Domherrn und die Baumeister des Domes. Die jetzigen Domherrn werden gewiß nicht unter ihnen sein, sie sind dessen nicht würdig, vor allem dieser Kanonikus Pešina! Der hatte mich am schlimmsten gekränkt. Als ich einmal beim Segen die schwere metallene Laterne trug und sie ein wenig schief hielt, hatte er mir eine Ohrfeige gegeben. Ein anderes Mal, als mich der Glöckner in den Turm ließ, um zum erstenmal allein die Josefs-Glocke zum Segen zu läuten, war ich dort oben ganz allein und Herr dieser großartigen erzenen Riesen; als ich fertig war und voll der dichterischsten Erregung wieder heraustrat, stand der Kanonikus Pešina unten am Turm und fragte eben den Glöckner: »Welcher Esel war denn heut da oben? Der hat ja Sturm geläutet!«

Ich sah im Geist all die alten Herrn, wie sie den Zug eröffneten, aber sonderbarerweise konnte ich mir den Rumpf und die Beine nicht dazu denken, nur die Büsten schwebten, dennoch schienen sie zu schreiten. – Dann werden vielleicht die Erzbischöfe kommen, die hinten in der Kinsky-Kapelle liegen, nach ihnen die silbernen Engel vom Grabmal des heiligen Johannes von Nepomuk, und hinter ihnen, das Kreuz in der Hand, der heilige Johannes. Dann die Gebeine des heiligen Sigismund, nur einige Knöchelchen auf einem roten Kissen, aber auch das Kissen scheint zu schreiten. Dann allerlei gepanzerte Ritter, hinter ihnen die Könige und Herzöge aus allen Grabstätten im Dom, einige bekleidet mit kostbar schimmernden Gewändern aus rotem, andere, unter ihnen Georg von Poděbrad, aus weißem Marmor. – Und dann, den Kelch unter einem silbernen Schleier tragend, der heilige Wenzel selbst. Eine hohe, jugendlich mächtige Gestalt. Auf dem Kopf statt des Biretts einen einfachen erzenen Helm; aber das den Körper schützende Ringelhemd bedeckt ein Ornat aus weißschimmernder Seide. Die kastanienbraunen Haare fallen in langen Locken, das Gesicht ist feierlich gütig und ruhig. Ich konnte mir genau die Form des Gesichtes vorstellen, das große, blaue Auge, die vor Gesundheit blühenden Wangen, den weich herabwallenden Bart, aber das Gesicht schien nicht aus Fleisch und Blut, sondern aus mild glänzendem Licht. –

Ich hatte die Augen geschlossen, während ich mir den erhofften Einzug vorstellte. Die Stille, die Müdigkeit und die Traumvorstellungen bewirkten, daß Schlaf mich überwältigte. Ich begann zusammenzusinken, aber ich ermannte mich wieder, und mein Blick glitt durch den Raum des Domes. Alles war still und tot wie zuvor, aber jetzt wirkte dieses Tote anders als vorher auf mich. Meine Müdigkeit war schwer geworden, mein Körper erstarrte vor Kälte, und aus allem befiel mich eine unbestimmte, darum lähmende Angst. Ich wußte nicht, wovor ich mich fürchtete, aber ich fürchtete mich in kindlicher Ratlosigkeit.

Ich sank auf die Stufe und weinte schmerzlich. Die Tränen flossen, die Brust krampfte sich zusammen, ich schluchzte laut, vergebens kämpfte ich dagegen an: das Schluchzen wurde heftiger, es klang schmerzlich durch die Stille der Kirche, in ihrer Hoffnungslosigkeit wuchs meine Angst. Wäre ich nur nicht mutterseelenallein in diesem riesengroßen Dom gewesen! – Wenn ich wenigstens darin nicht eingeschlossen gewesen wäre! –

Wieder seufzte ich laut auf, wohl noch lauter als vorher – da meldete sich über mir wie als Antwort das Piepsen der Vögel. – Ich war also gar nicht allein, die Sperlinge übernachteten hier mit mir! – Ich kannte ihr Versteck gut, zwischen den Balken oben über den Bankreihen. Sie hatten dort ihr kirchliches Asylrecht und waren sicher vor den ausgelassenen Überfällen von uns Jungen. Mit der Hand konnte jeder von uns hinter die Balken nach ihnen greifen, aber wir taten es nie.

Ich entschloß mich, mit angehaltenem Atem stieg ich langsam Stufe um Stufe hinauf. Schon war ich am Balken, vorsichtig atmete ich noch einmal, streckte die Hand aus, und schon hielt ich einen Sperling. Der aufgeschreckte Vogel begann schrill zu kreischen, pickte gegen meinen Finger, aber ich ließ ihn nicht frei. Ich spürte unter meinen Fingern, wie das kleine, warme Herz lebhaft klopfte – und jetzt fiel alle Furcht von mir ab. Ich fühlte mich nicht länger vereinsamt, ja das Bewußtsein, das stärkere Geschöpf zu sein, erfüllte mich mit neuem Mut.

Ich nahm mir vor, den Sperling weiterhin in der Hand zu behalten. So würde ich mich nicht mehr fürchten und auch nicht einschlafen. Es konnte nicht mehr weit bis Mitternacht sein. Ich gab acht, den Stundenschlag nicht wieder zu überhören. Am besten war, sich hier über zwei Stufen auszustrecken, die Hand mit dem Sperling auf die Brust zu legen und zum Fenster der Sankt-Wenzels-Kapelle zu blicken, um sogleich zu sehen, wenn darin das Licht zur wunderbaren Messe aufflammte.

Ich legte mich also zurecht und schaute zu dem Fenster. Es lag im Halbdunkel. – Ich weiß nicht, wie lange ich so geschaut habe, aber allmählich verwandelte sich das Halbdunkel in dem Fenster ins Hellere, ein Blau leuchtete auf, immer heller, immer klarer, daß mir war, ich blicke in den blauesten Himmel. Da meldete sich im Turm die Uhr, Schlag um Schlag fiel, zahllos, ins Unendliche. –

Ein unaussprechlicher Schmerz weckte mich auf, ein durch die Kälte verursachter Schmerz. Mein ganzer Körper war wie gefoltert und zerschlagen. Meine Augen waren geblendet, als blickten sie in einen großen, blutrot brennenden Backofen. In die Ohren klang ein höllisches Pfeifen und Quieken.

Allmählich kam ich zu mir. Ich lag auf den beiden Stufen, die Hand gegen die Brust gedrückt, aber sie war geöffnet und leer. Mir gegenüber glühte das Fenster der Sankt-Wenzels-Kapelle von einem inneren Licht. Die kleine Orgel brauste, und der fromme, mir wohlbekannte Rorate-Gesang erklang.

Sollte das die Messe des heiligen Wenzel sein?

Vorsichtig erhob ich mich und ging leise zu dem

Fenster, das in den untern Chor führte. Ängstlich schaute ich durch die Scheiben hinunter.

Am Altar las der Herr Pfarrer die Messe. Da ich nicht zum Dienst gekommen war, ministrierte ihm einer der alten Kirchendiener, eben klingelte er zur Wandlung.

Mein Blick suchte ängstlich den bekannten Platz in den Bänken. Wie sonst immer kniete dort mit geneigtem Kopf meine Mutter und schlug sich an die Brust. Und neben ihr kniete – die Altstädter Tante.

Jetzt hob die Mutter wieder den Kopf, und ich sah, daß ihr Träne um Träne über die Wangen floß.

Ich wußte alles. Ich fühlte mich zu Tode beschämt, verzweifelt, unglücklich, mein Kopf schmerzte, alles um mich drehte sich. Das Leid um die Mutter, die mich vielleicht als verloren beweinte und der ich unendlichen Kummer bereitet hatte, preßte mir das Herz zusammen, der Atem würgte mich. Ich wollte rasch hinunter und zur Mutter treten, aber meine Füße waren wie gelähmt, der Kopf glitt an der Wand herab, und ich lag auf dem Boden. Glückliche Befreiung, daß ich zugleich zu weinen begann! Zuerst brannten die Tränen wie Feuer, dann besänftigten sie mich.

Es war noch dunkel, und vom Himmel fiel ein dünner, kalter Regen, als die Menschen aus der Rorate gingen. Der gedemütigte, enttäuschte fromme Held stand vor dem Kirchentor, aber niemand achtete seiner. Auch er beachtete niemanden. Aber als endlich die alte Mutter neben der Tante heraustrat, fühlte sie plötzlich auf ihrer runzeligen Hand zwei glühende Lippen.

Wie es kam, daß am 20. August 1849 um halb ein Uhr mittags Österreich nicht zerstört wurde

Am 20. August des Jahres 1849, um halb ein Uhr mittags, sollte Österreich zerstört werden: das war im »Pistolenklub« beschlossen worden. Ich weiß schon nicht mehr, was sich Österreich damals hatte zuschulden kommen lassen, aber ich zweifle keineswegs daran, daß der Entschluß recht schwerwiegende Gründe gehabt hatte. Da war keine Rettung mehr, die Sache war beschworen und beschlossen worden und die Ausführung bewährten Händen anvertraut, nämlich dem Žižka von Trocnov, Prokop dem Kahlen, Prokop dem Kleinen und Nikolaus von Hus, das heißt mir, dann dem Josef Rumpál, Sohn des Fleischers, dem Franz Mastný, dem Sohn des Schusters, und dem Anton Hochmann, der aus der Gegend von Rakovník stammte und auf Kosten seines Bruders, eines Bauern, das Gymnasium besuchte. Die angeführten historischen Beinamen waren nicht etwa durch ein Spiel des Zufalls verteilt worden, sondern ganz und gar nach Verdienst. Ich war Žižka, denn ich war von allen der schwärzeste, redete am schlagfertigsten, und gleich bei der ersten Zusammenkunft unseres Vereins – sie fand auf dem Boden bei Rumpál statt – erschien ich mit einer schwarzen Binde überm linken Auge, was allgemeines Aufsehen erregte. Die schwarze Binde mußte ich dann bei allen Versammlungen tragen; das war zwar nicht angenehm, aber es ließ sich nichts dagegen tun. Auch die anderen hatten auf ihre Beinamen ein wohlbegründetes Anrecht.

Die ganze Sache war mit erstaunlicher Umsicht vorbereitet worden. Ein ganzes Jahr benützten wir jeden Ausgang zu gemeinsamen Übungen im Steinschleudern. Das ausgezeichnete Schleudermaterial lieferte Mastný-Prokop der Kleine, und auf hundert Schritt trafen wir jeden Baumstamm, wenn er nur den Umfang eines Mannes hatte. Damit aber begnügten wir uns nicht. Ein ganzes Jahr legten wir jeden – ob ehrlich oder unehrlich erworbenen – Kreuzer in die gemeinsame »Pistolenkasse«, woher auch der Name unseres Vereins kam. Die Ersparnisse betrugen schließlich ganze elf Gulden. Für fünf Gulden hatten wir vor einer Woche auf dem Graben eine Pistole »Lütticher Arbeit«, wie der Kaufmann versicherte, erworben. Während der ganzen Versammlung, die seit dem Beginn der Ferien täglich abgehalten wurde, betrachteten wir die Pistole; sie ging von Hand zu Hand, und jeder von uns versicherte, daß sie echt Lütticher Arbeit sei. Geschossen hatten wir daraus zwar noch kein einziges Mal, erstens darum, weil wir kein Pulver hatten, und zweitens, weil der Ausnahmezustand noch immer andauerte und wir daher auf der Hut sein mußten. Wir waren überhaupt sehr vorsichtig, um uns nicht zu verraten, daher nahmen wir niemanden mehr in unseren Verein auf, nur wir vier »Prinzipisten« gehörten ihm an, aber wir wußten, daß das genügte. Wir hätten für die verbliebenen sechs Gulden noch eine Pistole kaufen und dadurch unsere Armierung verdoppeln können, aber wir bestimmten diese Summe für Pulver, von dessen Preis wir keine rechte Vorstellung hatten. Für den Plan, den wir ausgeheckt hatten, genügte eine Pistole vollkommen. Wir hatten noch weiteren Vereinsbesitz, so eine Tonpfeife, aus der bei den geheimen Zusammenkünften Prokop der Kleine im Namen aller rauchte; es war eine hübsche, sinnreich mit Kelch, Dreschflegel und Morgenstern bemalte Pfeife, aber für die heutige Zeit maßen wir ihr keinen besonderen Wert bei. Wir besaßen auch einen besonderen elektrischen Apparat, den uns der Bruder Prokops des Kahlen, der Schlosserlehrling, aus einem alten Zweigroschenstück gebaut hatte, aber er hatte sich nicht bewährt. Daher ließen wir ihn daheim.

Ich lege hiermit unseren Plan vor, damit sich jeder darüber wundern kann. Hauptzweck: Österreich zerstören. Erste Aktion: sich Prags bemächtigen. Notwendige Aktion: die Zitadelle vom Belvedere am Ende der Marienschanzen erobern, von wo aus wir Prag beherrschen und wo wir nach unserer Ansicht von keiner Seite bombardiert werden konnten. Genau durchdachte Einzelheiten: Die Zitadelle wird genau zur Mittagszeit überfallen. Wenn wir bedenken, daß beim Überfall auf verschiedene Festungen seit urvordenklichen Zeiten der Brauch herrscht, diesen Überfall stets um Mitternacht auszuführen, und daß eben deswegen die Wachen um Mitternacht am aufmerksamsten sind, muß man zugeben, daß unser Plan von einer geradezu teuflischen Schlauheit ausgeheckt worden war. Die Zitadelle war in jener Zeit nur ungenügend, von sechs bis acht Soldaten, bewacht. Einer von ihnen stand gleich neben dem eisernen, in den Vorhof führenden Tor Posten; das Tor war stets halb geöffnet, und wir hatten beobachtet, daß dort der Soldat sorglos auf und ab ging. Der andere patrouillierte auf der Prager Seite, wo einige Geschütze standen. Ohne Aufsehen zu erregen, werden wir uns dem Tor nähern, wir vier und noch jemand – wir werden gleich sehen, wer – überfallen den Posten, überwältigen ihn, eignen uns sein Gewehr an, nehmen zweimal die Fenster des Wachhauses mit der Schleuder unter Beschuß, dringen gegen die niedergestreckten Wachen im Innern ein, überwältigen auch sie und nehmen auch ihnen die Gewehre ab. Bleibt noch der zweite Wachposten. Dieser wird sich höchstwahrscheinlich ergeben, wir fesseln ihn und nehmen ihm ebenfalls das Gewehr ab. Gibt er es nicht her, so ist das seine Sache, auf alle Fälle wird er von uns überwältigt werden. Dann fahren wir sofort ein Geschütz ans Tor, zünden den Pechkranz an, der dort an einer Stange hängt, und werden von der Schanze den Pragern zurufen, daß die Revolution ausgebrochen ist. Jetzt marschiert Militär auf, das ist selbstverständlich. Aber sie kommen nicht über die Mauer, um uns zu überfallen, denn wir werden durch das im Nu geöffnete Tor aus dem Geschütz in sie hineinfeuern und das Tor sofort wieder schließen. Die Soldaten in den vordersten Reihen werden vernichtet, die übrige Mannschaft wird sich voraussichtlich ergeben, weil sie sich durch die Revolution von allen Seiten bedroht sieht; ergibt sie sich nicht, ist das ihre Sache. Wir machen einen Ausfall, vereinigen uns mit den Pragern, und unsere erste Tat wird sein, alle auf dem Hradschin noch schmachtenden Gefangenen zu befreien. Alles andere ist so natürlich, wie daß das Korn wächst. Die erste große und siegreiche Schlacht schlagen wir bei Deutschbrod, dorthin werden wir die Armee gelockt haben. Die zweite schlagen wir auf dem Marchfeld, genau dort, denn der Geist Přemysl Ottokars schreit nach Rache. Dann erobern wir Wien und vernichten Österreich. Inzwischen sind uns die Ungarn zu Hilfe gekommen. Und dann vernichten wir die Ungarn. Ist das nicht bewunderungswürdig?

Eine überaus wichtige Aufgabe sogleich am Anfang dieses blutigen Dramas oblag jener fünften Person. Sie selber wußte davon noch ganz und gar nichts und sollte bis zum allerletzten Augenblick nichts erfahren. Das war der Händler Pohorák. Er war aus der Gegend von Jenč hinterm Weißen Berg und kam mit einem Handwagen und seinem großen Zughund dreimal in der Woche mit geschlachteten Hühnern und Tauben nach Prag. Auf ihn hatte der Heerführer Rumpál Prokop der Kahle aufmerksam gemacht, als es sich um eine gewichtige Sache handelte, nämlich um die Beschaffung des Pulvers. In den Besitz von Pulver zu gelangen, war damals eine überaus schwierige Angelegenheit, die Kaufleute durften es nur gegen Vorzeigen einer behördlichen Genehmigung abgeben, und Prokop der Kahle, bei dessen Eltern Pohorák geselchtes Fleisch kaufte, teilte uns mit, daß Pohorák Pulver für die Kaufleute in Prag besorge. Prokop der Kahle fragte ihn, ob er nicht auch ihm für gute Bezahlung und gegen eine besondere Belohnung Pulver kaufen wolle, und Pohorák hatte zugestimmt. Am 19. August wurden dem Pohorák durch Prokop den Kahlen alle sechs Gulden ausgehändigt, wovon zwei Gulden die königliche Belohnung und vier für das Pulver bestimmt waren. Er versprach, sich mit dem Verkauf seiner Ware und dem Einkauf zu beeilen, diesmal mit seinem Wägelchen den Weg statt durch das Strahower Tor durch das Bruska-Tor zu nehmen und dort Prokop dem Kahlen das Pulver zu übergeben. Jetzt wird er erfahren, daß alle Macht in unseren Händen ruht. Er wird seinen weißen Hund ausspannen, das Wägelchen auf der Straße stehen lassen und sich uns verbünden. Daß er tatsächlich kommen wird, ist über allen Zweifel erhaben, denn er hat doch zwei Gulden bekommen, und dann die Ehre! Wir machen dann auf alle Fälle etwas aus ihm, dessen kann er gewiß sein. Außerdem hatte uns Prokop der Kahle mitgeteilt, Pohorák habe erzählt, daß er im verflossenen Jahr nach den Pfingstfeiertagen draußen auf dem Feld einen Husaren vom Pferd heruntergerissen habe.

»Hinterm Weißen Berg leben die stärksten Leute in Böhmen«, sagte Prokop der Kahle feierlich.

»Und das gilt bis Rakovník«, behauptete Nikolaus von Hus und schwang seine mächtige Faust.

Die Mitwirkung Pohoráks war mir, ehrlich gestanden, recht angenehm, und ich wette, daß die anderen Heerführer ähnlich dachten. Es handelt sich, wie oben bereits weitläufig dargestellt worden ist, bei unserem Plan in erster Linie um die Torwache. Da war erst vor wenigen Monaten etwas geschehen, was im Grunde der Seele gewiß eines jeden von uns bis heute seine Spur hinterlassen hatte. Wir vier – und es waren ihrer noch mehr – spielten damals auf den Schanzengräben Ball. »Hüter« hieß unser soldatisches Spiel und ging einige Stunden hin und her. Wir hatten einen herrlichen Gummiball, der bestimmt zwei Zwanziger gekostet hatte. Wir spielten ausgezeichnet, selbst ein vorübergehender Grenadier blieb stehen, um uns zu bewundern. Er stand lange da, schließlich setzte er sich sogar ins Gras, um uns bequem zuzuschauen. Plötzlich rollte der Ball zu ihm hinüber, der Grenadier rekelte sich faul, wälzte sich auf den Bauch und fing den Ball. Er stand langsam auf – sein Aufstehen nahm kein Ende –, und wir warteten neugierig, wohin seine mächtige rechte Hand den Ball wohl schleudern würde. Aber seine Pranke schob ihn seelenruhig in die

Tasche, und seine mächtige Gestalt kroch träg den Hang hinauf. Wir umzingelten den Grenadier, baten, schrien, drohten – mit dem Erfolg, daß Prokop der Kahle eine Ohrfeige bekam und Nikolaus von Hus ebenfalls eine. Wir bewarfen den Grenadier mit Steinen, aber er stürzte auf uns zu, und die wahrheitsgetreue Historie muß vermerken, daß wir allesamt die Flucht ergriffen.

»Wißt ihr, das war gescheit von uns, daß wir uns mit ihm nicht eingelassen haben«, erklärte danach Žižka von Trocnov. »Ihr wißt, was wir vorhaben, und wer weiß, was jetzt geschehen wäre. Bei einer Verschwörung weiß man nie, was passieren kann, ich kenne das! Ich habe vor Wut gezittert – ich wollte den Kerl fassen, aber ich dachte mir: Wart nur!« Diese klare Auslegung des Falles wurde einmütig und dankbar angenommen, und jeder bekräftigte, daß er ebenfalls am ganzen Körper gezittert und sich nur mit Mühe beherrscht habe.

In den ersten Augusttagen, als es sich schon um die allersubtilsten Einzelheiten des Plans handelte, fragte ich: »Beißt Pohoráks Hund?«

»Er beißt«, versicherte Prokop der Kahle, »gestern hat er dem Töchterchen des Lebkuchenbäckers den Rock zerrissen.«

Es war sehr wichtig zu wissen, daß Pohoráks Hund beißt.

Der Morgen des denkwürdigen Tages brach an. Die unbeirrbare Chronik des Himmels verzeichnete ihn als Montag.

Ich sah den Morgen leicht dämmern, dann wurde er aschgrau und allmählich hell und immer heller – alles das geschah in einer mir endlos erscheinenden Zeit. Dennoch schmachtete ich mit ganzer Seele vor Sehnsucht, es möge weder dämmern noch hell werden, und die Natur möchte diesen einen, diesen einzigen Tag überspringen. Ich hoffte, daß ganz bestimmt irgend etwas dieser Art geschehen müsse, ich betete und betete und, ich bekenne mich dazu, meine Seele verging fast vor Angst.

Ich hatte die ganze Nacht nicht geschlafen. Nur dann und wann übermannte mich ein fiebriges Hindämmern, gleich darauf warf ich mich auf dem heißen Lager schon wieder hin und her, und ich hatte Mühe, nicht laut aufzustöhnen.

»Was ist mit dir – du atmest so schwer?« fragte die Mutter einige Male.

Ich stellte mich schlafend.

Dann stand die Mutter auf, machte Licht und kam an mein Bett. Ich hielt die Augen geschlossen. Sie legte die Hand auf meine Stirn.

»Der Junge glüht wie ein Ofen. Komm her, Mann, mit ihm ist etwas nicht in Ordnung.«

»Laß ihn!« meinte der Vater. »Er hat gestern wieder irgendwo herumgetollt. Der Teufel reitet sie – aber diese Gesellschaft muß aufhören, immerzu ist er mit diesem Franz und Josef und mit dem aus Rakovník beisammen.«

»Du weißt doch, daß sie zusammen lernen. Es fällt ihnen so leichter.«

Ich schreibe wahrheitsgetreu: Ich fühlte mich hundeelend. Das ging nun schon einige Tage so, aber es wurde immer schlimmer, je näher der 20. August kam. Bei den anderen Feldherrn beobachtete ich etwas Ähnliches. In den letzten Versammlungen hatten einige schon recht verworren gesprochen. Den Grund dafür sah ich darin, daß die Feldherrn Angst bekamen. Ich beherrschte mich, und gestern war ich entschlossen aufgetreten. Da widerstanden auch sie heldenhaft ihrer Angst, wir gerieten sogar in Feuer, nie war so mutig gesprochen worden. In der darauffolgenden Nacht schlief ich trotzdem schlecht. Wenn ich bei den anderen einen unbedingten Heldenmut gespürt hätte, hätte auch ich mich ganz anders gefühlt.

Daß ich selbst Angst hatte, das durfte ich um keinen Preis zugeben. Trotzdem dachte ich, und es klang wie eine schwere Anklage gegen das Schicksal, warum gerade mir diese schreckliche Aufgabe zuteil geworden sei. Die Zerstörung Österreichs erschien mir plötzlich ein Kelch voll von unaussprechlicher Bitternis zu sein. Ich hätte gern gebetet: »Herr, laß diesen Kelch an mir vorübergehen!«, aber ich fühlte, daß es schon keinen Ausweg mehr gab, und der Gipfel des Ruhmes wurde mir plötzlich zum Gipfel des Berges Golgotha. Aber der Schwur verpflichtete.

Um zehn Uhr sollten wir an Ort und Stelle sein, um elf sollte Pohorák eintreffen, und um halb eins sollte der Staatsstreich durchgeführt werden.

Ich ging um neun aus dem Haus.

Ein angenehmer Sommerwind kühlte meine Schläfen. Der blaue Himmel lachte wie Prokops des Kahlen Schwesterlein Márinka, wenn sie uns zu einem Streich verführte. Nebenbei bemerkt, Márinka war meine Liebe. Ich dachte an sie, an die Achtung, die sie stets meiner heldenhaften Natur entgegenbrachte, mir wurde leicht und leichter ums Herz, die Brust weitete sich, und die Seele wuchs.

Eine zauberhafte Veränderung ging mit mir vor, bevor ich den Hirschgraben erreichte; ich ertappte mich zweimal dabei, daß ich auf einem Bein hüpfte.

Ich prüfte in Gedanken, ob alles in Ordnung sei. Es war vorbildlich in Ordnung. Zwei Schleudern verbargen sich in meiner Tasche. In der anderen hielt ich eine schwarze Augenbinde versteckt. Unterm Arm trug ich aus Kriegslist ein Schulbuch. Auf den Marienschanzen ging ich um die Abteilungen exerzierender Soldaten herum und empfand keinerlei Furcht. Ich wußte, daß sie zu gegebener Zeit längst wieder in ihre Kasernen zurückgekehrt sein würden.

Es war Zeit genug, und ich schritt das ganze Gelände unseres kriegerischen Unternehmens ab, ging durch den Chotek-Park, wo – ganz nah der talwärts führenden Straße – Nikolaus von Hus seine Stellung beziehen sollte, schaute zur Bruska hinunter, wo Prokop der Kleine stehen und den Pohorák erwarten sollte, um uns, den steilen Hohlweg vorauslaufend, rasch Nachricht zu bringen. Ich begab mich zur Zitadelle und überschritt von hier die Wälle zum Bruska-Tor. Als ich zu der Zitadelle kam, schlug mir das Herz heftig; als ich mich von ihr entfernte, schlug es wieder ruhiger. Die Wälle von der Zitadelle zum Bruska-Tor bilden zwei vorspringende Bastionen. Die erste ist erhöht und hat oben im Umkreis ein kleines Plateau; darin befand sich damals ein kleiner, ummauerter Teich mit dichtem Schilf und Sträuchern rundherum – Schauplatz vieler unserer Abenteuer. Unter einem der Sträucher hatten wir einen hübschen Haufen pfündiger Kieselsteine für die Schleudern versteckt. Der Platz um die zweite Bastion bildet eine tiefe Mulde. Heut steht in diesem Einschnitt das Café »Panorama«, damals war er von dichtem Strauchwerk bedeckt. Einige Schritte weiter ist das Bruska-Tor, mein Standort als oberster Befehlshaber.

Ich setzte mich auf eine Bank oberhalb des Tores und schlug das Buch auf. Ein leichtes Zittern ging durch meinen Körper, manchmal lief mir ein Frösteln über den Rücken, aber ich glaube, Angst war das nicht. Ich fühlte mich im großen und ganzen wohl. Viel trug dazu bei, daß ich keinen einzigen Mitkämpfer erblickte. Ich hatte sie in dem mir angenehmen Verdacht, daß sie Angst bekommen hatten und nicht erscheinen würden. Immer wieder zwang mich mein Herz, trotzdem den Helden zu spielen – aber im Grund meiner Seele meldete sich der Aberglaube, daß ich sie dadurch herbeirufen könnte, und ich gab auf, mich aufzuspielen.

Trommeln und Trompeten klangen bald vom Exerzierplatz auf den Marienschanzen, bald von dem auf dem Belvedere. Menschen und Wagen gingen und fuhren durch das Tor ein und aus. Anfangs hatte ich sie nicht beachtet, dann aber begann der Aberglaube auch hier sein Spiel. Wendet sich, so orakelte ich, dieser Mensch am Ende der Brücke in der Richtung nach Bubeneč, dann wird es schlimm mit uns; wendet er sich links gegen Podbaba, so wird alles gut. Eins-zwei-drei-vier – alle gehen gegen Bubeneč – die Trompeten auf dem Belvedere schmetterten wie zum Angriff – ich sprang auf.

Im selben Augenblick schlug es vom Turm des Veitsdomes zehn. Ich schaue mich um und sehe, daß Nikolaus von Hus durch die Allee an seinen Platz stapft. Ein edles, tapferes Herz – ein mutiger Kämpfer – die Ferien hat er einer großen Sache geopfert, er könnte schon seit zwei Wochen daheim bei seinem Bruder sein – aber ich fühlte, daß es mich dennoch bedrückte, ihn zu sehen. Ich mußte jetzt pflichtgemäß meinen Inspektionsrundgang machen. Ich ging, das offene Buch vor mir, langsam über die Bastion. Nirgends war ein Spaziergänger zu sehen.

Ich kam zum Teich. Dort lag Prokop der Kahle im Gras. Als ich ihn bemerkte, begann ich lange, feste Schritte zu machen, als dröhnte ein schwer gepanzerter Fuß in einer Wagenburg.

Prokop der Kahle hielt ebenfalls ein Buch in der Hand und schaute mich an. Seine Augen waren gerötet.

»Alles in Ordnung?«

»Alles in Ordnung.«

»Hast du?«

»Ich habe.« – Also hatte er die ihm anvertraute Pistole bei sich.

Ich zwinkerte zu dem Strauch hinüber, wo unsere Kieselsteine lagen. Prokop der Kahle zwinkerte auch und versuchte dabei zu lächeln, aber es gelang ihm nicht. Da trat aus der Zitadelle ein Soldat mit einer Kanne in der Hand, in einem Leinenkittel und mit einer bequemen Mütze. Die ständige Bedienung auf der Wache. Ihn hatten wir in unserer Berechnung ganz vergessen – nun, eben einer mehr! Er kam langsam näher, und als er ganz nahe bei uns war, stellte er die Kanne zu Boden. In uns zuckte es wie in einer Uhr, bevor sie schlägt.

»Haben die jungen Herren nicht ein Zigarettchen?«

»Wir haben nicht – wir«, mir stockte die Rede; ich konnte doch nicht sagen, daß außer Prokop dem Kleinen noch keiner von uns rauchte.

»Aber zwei Kreuzer haben die jungen Herrn gewiß – geben Sie mir für ein Päckchen Tabak! Ich bin nun schon seit dem vorjährigen Rummel da« – ein neues, heftigeres Zusammenzucken, geradezu ein elektrischer Schlag –, »und jeden Tag geben mir die Herrn für Tabak.«

Ich zog zwei Kreuzer aus der Tasche und gab sie ihm mit zitternder Hand.

Der Soldat pfiff sich eins vor Freude, hob die Kanne hoch und trottete ohne Dank weiter.

Ich winkte mit der Hand und ging zur Straße hinunter, trat in den Chotek-Park und näherte mich dem Nikolaus von Hus, welcher die Bank »Zur schönen Aussicht« besetzt hielt. Er schaute über das Buch den Hang hinab. Ein wuchtiger, langer Schritt, wiederum wie von einem gepanzerten Fuß.

»Alles in Ordnung?«

»In Ordnung!« Und er lächelte.

»Ist Prokop der Kleine auf seinem Posten?«

»Ja – und raucht.« Unten saß Prokop der Kleine auf dem Geländer, schlenkerte mit den Füßen und rauchte eine Zigarre. Gewiß eine um drei Kreuzer.

»Morgen fang ich auch zu rauchen an.«

»Ich auch.«

Winken mit der Hand und Abgang mit einem möglichst würdigen Schritt.

Ich saß wieder über dem Tor. Die Soldaten kehrten abteilungsweise von ihrem Exerzierplatz hinterm Tor zurück – ausgezeichnet! Sonderbarerweise aber betrachtete ich sie heut mit einem quälenden Unbehagen. Früher hatte mich ihr Anblick begeistert, schon das Trommeln hatte genügt, meine lebhafte Phantasie zu entfesseln. Ich dachte mir die wirbelnden, mitreißenden Klänge einer türkischen Musik hinzu, mich selbst sah ich an der Spitze auf einem schnaubenden Silberschimmel, eben aus siegreichen Schlachten heimkehrend, hinter mir die Soldaten mit einem fröhlich heldenhaften Gesang, rund um mich das jubelnde Volk, ich mit unbewegtem Gesicht, nur dann und wann und ganz leicht den Kopf neigend. Heut war meine Phantasie wie fades, abgestandenes Bier von gestern, aus dem die Mutter stets eine mir widerliche Suppe kochte. Der Kopf wollte sich nicht siegesbewußt erheben, auf der Zunge spürte ich so etwas wie einen lehmigen Belag. Wenn einer der Soldaten aufblickte und mich anschaute, zuckte mein Blick zur Seite.

Ich schaute in die Landschaft. Rings eine stille Heiterkeit, als ob auf die Hügel und in die Täler ein feiner goldener Regen fiele. Trotzdem lag über der Landschaft ein eigentümlich elegischer Ton – ich fror trotz der warmen Luft.

Ich schaute zum blauen Himmel empor. Ich dachte wieder an Márinka. Liebes Mädchen! – Aber mir war, ich bangte in diesem Augenblick um sie. – Der Gedanke verflog. – Schließlich hatte Žižka mit einer Handvoll Leute Hunderttausende von Kreuzfahrern geschlagen – der Ritter Parzival erschlug hundert Bewaffnete in einer Stunde – – weiß Gott, was das sein mag, manchmal hat selbst die Geschichte keine Überzeugungskraft – abgestandenes Bier, Lehm auf der Zunge.

Nein – unmöglich – ein Zurück konnte es nicht geben – also sei es gewagt!

Nun kamen schon mehr Leute als vorher durch das Tor. Mein Blick verfolgte sie gedankenlos. Dann begann das abergläubische Spiel unwillkürlich wieder, und ebenso unwillkürlich bediente ich mich dabei einer täuschenden Ausflucht. Ich bezog nur die in mein Orakel ein, die unverkennbar ländlich gekleidet waren und von denen mit großer Wahrscheinlichkeit anzunehmen war, daß sie sich nach links, hinaus nach Podbaba, begeben würden.

Ein plötzliches Frösteln überrieselte mich – ich raffte mich mit Mühe auf.

Lieber wieder einen Rundgang! Das befahl mir ohnedies die unerbittliche Pflicht.

Als ich mich mit festen Schritten – ich fühlte selbst, daß sie nicht mehr sehr fest waren – wieder Prokop näherte, trat eben der Inspektionsoffizier in die Zitadelle. Wir müssen ohnedies abwarten, bis er wieder herauskommt.

Aber auf dem Gesicht Prokops des Kahlen bemerkte ich eine ungewöhnliche Blässe.

»Pepík, du hast Angst«, sagte ich mit aufrichtigem Mitgefühl.

Prokop der Kahle antwortete nicht. Er legte den Zeigefinger der rechten Hand unter das rechte Auge und zog das untere Lid herunter, so daß der rote innere Rand zu sehen war. Auf diese Weise drückte die Prager Jugend eine entschiedene Verneinung aus.

Warum sagte er nicht, daß er Angst habe? Dann hätte Österreich doch noch – –

»Elf!« stammelte Prokop der Kahle.

Die elf Schläge sanken langsam durch die warme Luft herab. Jeder Schlag zitterte lange im Ohr nach, und unwillkürlich blickte ich empor, als könne der Klang sichtbare Gestalt angenommen haben. Wuchtige Schläge der Totenglocke zum Ableben eines der ältesten und größten Staatengebilde Europas.

Langsam ging ich um die militärische Stellung des Nikolaus von Hus und stieg dann leichten Schrittes hinunter zu Prokop dem Kleinen. Mir schien zu obliegen, ihn durch einige oberfeldherrliche Ermahnungen zu größerer Wachsamkeit anzuhalten.

Prokop der Kleine saß noch immer auf dem Geländer, aber er rauchte nicht mehr seine Zigarre, er hatte im Schoß eine Mütze voll Pflaumen. Er aß mit großem Appetit, nahm jeden Kern vorsichtig aus dem Mund, legte ihn auf den Zeigefinger, drückte den Daumen dagegen, schwippte den Kern ab – und schon lief laut gackernd eine der Hennen, die auf der anderen Seite der Straße herumspazierten, davon. Schon hatten sich alle entfernt und in Sicherheit gebracht, nur ein schwarzes Huhn pickte noch unvorsichtig nahe in den Boden. Eben hatte Prokop der Kleine auch auf dieses Huhn gezielt, als er mich erblickte. Dadurch verschob sich der Daumen, und anstatt das Huhn zu treffen, flog der Kern scharf und schmerzhaft gegen mein Kinn, wie wenn es das Ende eines Peitschenriemens getroffen hätte. Das Gesicht Prokops des Kleinen strahlte vor Vergnügen.

»Was soll das? Du gibst nicht acht!«

»Ich? Und ob ich achtgebe! Hab ich vielleicht keine Augen? Magst du?«

»Ich hab keinen Hunger. Was kosten sie?«

»Acht Kreuzer. Nimm dir!«

»Ich nehme vier für Pepík. – Achtung! Er kann jeden Augenblick kommen.«

Ich ging wieder hinauf. Immer noch spürte ich den Schmerz von dem Pflaumenkern, der mich getroffen hatte, aber ich beachtete ihn nicht und schritt würdevoll weiter.

Es war halb zwölf, als ich wieder bei der Stellung Prokops des Kahlen eintraf. Er lag noch immer lang ausgestreckt im Gras.

»Da hast du Pflaumen – vom Franz.«

Prokop der Kahle lehnte ab. Ich lege die Pflaumen neben ihn hin und mich selber für einen Augenblick ins Gras.

Am Himmel kein Wölkchen. Aber wenn der Mensch so emporblickt, ermüden plötzlich die Augen, und in der Luft scheinen lauter weiße, sich krümmende Würmer herumzuwimmeln. Nicht nur der Blick, sondern auch der ganze Körper war schließlich voll solcher Würmer, mein Blut schien bald zu rasen, bald zu stocken, bald zuckte dieser, bald jener Muskel. Vom Himmel schien geschmolzenes Blei zu tropfen.

Ich drehte mich mit dem Gesicht zu Prokop.

Es schlug drei Viertel.

»Du – hör mal«, sagte Prokop der Kahle auf einmal, während seine Augen starr wurden, »ob uns Pohorák nicht verraten hat?«

»Das doch wohl nicht«, stammelte ich. Aber es ließ mir keine Ruhe, ich erhob mich und ging auf und ab. Entsetzliche Gedanken von schwarzem Verrat wühlten in meinem Herzen.

Da fällt mein Blick durch die Sträucher in den Hohlweg – dort kam Prokop der Kleine, so rasch die Beine ihn nur tragen konnten, heraufgerannt.

»Prokoplein!« Und der erste Gedanke war: fliehen wir!

Prokop der Kahle ist auch schon auf den Beinen. Von der anderen Seite eilt Nikolaus von Hus herbei. Er hatte ebenfalls Prokop den Kleinen laufen sehen.

Prokop der Kleine war außer Atem.

»Die Dienstleute trinken dort im Laden Schnaps und erzählen sich, eben habe ein Polizist auf dem Markt einen Händler abgeführt!«

Keiner sagte: »Das ist Pohorák!«, aber so, wie wenn ein schwerer Stein zwischen Vögel fällt, waren wir in alle Windrichtungen auf und davon.

Ich rannte den Hohlweg hinunter, daß mir im Kopf ganz schwindelig wurde. Im Nu war ich in der Wallensteingasse, aber eine Eingebung trieb mich weiter. Ich bog in die Heuwaaggasse und schien über den Pflastersteinen zu fliegen. Schon war ich bei der Thomas-Kirche und wollte durch die Lauben um den Ringplatz hinauf – der erste Pfeiler flog vorbei –, da hielt ich im Laufen inne und preßte mich an den zweiten Pfeiler.

Eben führte der Polizist Pohorák mit Wägelchen und Hund nebenan auf die Wache. Pohorák sah offensichtlich mitgenommen aus. Sein Gesicht hatte den Ausdruck eines unaussprechlichen Schmerzes.

Die Geschichte der Menschheit wiese eine unliebsame Lücke auf, würde nicht berichtet, was mit Pohorák geschehen war.

An besagtem Tag war er etwas später als sonst durch das Strahower Tor nach Prag hineingefahren, ja, es muß vermerkt werden, nach Händlergepflogenheit und Prager Brauch schon arg spät; das war um sieben Uhr. Es ging in aller Eile über die holperigen Straßen hinunter, das Sattelpferd, die weiße Dogge, mußte sich nicht anstrengen und lief munter, das Handpferd, Herr Pohorák, bremste das Wägelchen, und die linke, die Deichsel haltende Hand hüpfte in regelmäßigen Abständen auf und ab.

»Warum heut so spät, Pohorák?« fragte der Brotbäkker im Tiefen Weg; er stand hemdsärmelig draußen auf dem Gehsteig und rauchte behaglich.

»Nun – ich hatte öfter Station machen müssen«, lachte Herr Pohorák und hielt mit einem langgezogenen »Brrr« das Wägelchen an. Er griff in die rechte Tasche, holte eine strohumwickelte Flasche mit Kümmel heraus und reichte sie dem Bäcker: »Gefällig?«

»Danke, ich hab mir den meinen schon heut früh genehmigt.«

»Ich auch, aber besser fünf Vaterunser als eins.« Und Pohorák leerte die Flasche bis auf den Grund, steckte sie ein, nickte dem Bäcker zu und holperte weiter.

Der Bauernmarkt war schon voll. Der Polizist führte Pohorák mit seinem Wägelchen hin und her, Pohorák stritt ununterbrochen mit dem »Herrn Korporal«, endlich fand sich ein Platz. Manchmal bot Pohorák auf dem Markt außer Geflügel auch Hasen, Butter und Eier an, heute hatte er nur geschlachtete Hühner und Tauben. Der Handel mit Geflügel war sein Hauptgeschäft. Pohorák war daher von dem besonderen, nicht gerade angenehmen Geruch, der dem Geflügel anhaftet, durchdrungen, und voll dieses Geruchs war auch die Luft einige Schritte rund um ihn.

Pohorák war bereits weit über die Fünfzig. Sollte ich im Leser nach dem vorher Gesagten den Eindruck erweckt haben, Pohorák sei von mächtiger Gestalt, bedauere ich, der Phantasie des Lesers Grenzen setzen zu müssen. Pohorák sah nicht so aus, als wolle er in der Manege mit einem Herkules um den Preis ringen. Er war von nur mittelgroßer Gestalt, nach dem Nacken zu etwas gebeugt und mehr mager als korpulent. Sein hageres Gesicht war derart mit Pockengrübchen geziert, daß einem gutmütigen Menschen leicht der Gedanke kommen konnte, ihm zu raten, sein Gesicht ein wenig pflastern zu lassen. Pohorák trug einen kleinkarierten bläulichen Rock, der aber an einigen Stellen, besonders auf dem Rücken unterm Kragen und am linken Ärmel, wie ein unkarierter, ausgetrockneter Acker aussah, dann schmutzige braune Hosen, unten schön heraufgerollt, obgleich es schon acht Wochen nicht geregnet hatte. Den Kopf bedeckte im Sommer wie im Winter eine dunkle Tuchmütze, hinter deren Saum der Akziseschein stak, denn für alle von auswärts nach Prag eingeführten Lebensmittel mußte Zoll entrichtet werden.

Pohorák machte im Schatten unter dem Wägelchen ein Strohbett zurecht, in das sich der Hund kuschelte. Dann nahm er seine Ware heraus und legte sie rund um das Wägelchen aus. Dann richtete er sich auf und schaute sich um.

»Junge Frau«, redete er eine an die sechzig Jahre alte Verkäuferin neben ihm an, »Sie geben mir ein bißchen acht, nicht wahr? Der Weg hat mich hergenommen, ich geh nur ein Töpfel Brinde trinken.«

Er ging zum nächsten Kaffeesieder und trank sein Töpfchen, dann ging er drei Schritte weiter zur Schnapsbudike, schlürfte zwei kleine Gläschen Korn und steckte ein Fläschchen auf Vorrat in die Tasche. Dann kaufte er zwei Mohnsemmeln, eine für sich, eine für den Hund, und jetzt ist er wieder an seinem Wägelchen.

»Nach rechts oder links?« fragte das Weib, das niedrige Hocker vermietete. Pohorák zeigte schweigend mit dem Finger, gab dem Weib einen Kreuzer und setzte sich. Er griff in die linke Rocktasche und holte Pfeife und Tabaksbeutel heraus. Die Schnur um den Beutel wurde aufgerollt, die Pfeife gestopft, aus der rechten Westentasche eine Schachtel mit Streichhölzern genommen –

Pohorák rauchte. Es schmeckte. Und jetzt betrachtete er seine Ware.

»Die Hühner geb ich für zwei Zwanziger, die Tauben für einen«, brummte er vor sich hin und paffte.

Ein stämmiger alter Herr kam. Einen alten Herrn oder eine alte Frau, Bierbrauer oder Bierbrauerin, erkennt man unfehlbar daran, daß hinter ihnen das Dienstmädchen eine Butte mit kupfernen Reifen trägt.

»Für wieviel haben Sie die Hühner?«

»Für wieviel ich sie hab?« sagte Pohorák bedächtig und schob die Pfeife in den anderen Mundwinkel. »Da wär ich schön dumm, wenn ich das sagte. Aber ich verkauf sie für vierzig Kreuzer.«

»Sie sind verrückt – was fällt Ihnen ein? Für zweiunddreißig. Einverstanden? Ich nehme sechs.«

Pohorák schüttelt schweigend den Kopf, setzt sich wieder und pafft weiter. Der alte Herr geht.

»Pohorák, für den Preis werdet Ihr heut nichts los«, sagt die Verkäuferin, die er als »junge Frau« angeredet hatte. »Das schlagt Euch aus dem Kopf! Es wird heut zuviel angeboten.«

»Was geht das dich an, altes Gift! Ich verkauf, wie ich will! Kümmer dich um deine stinkigen Kalkeier! Dem Pohorák wirst du nicht sagen, wie er verkaufen soll. – Und wenn ich gar nichts verkaufe, so hab ich meinen Gewinn doch schon in der Tasche«, fuhr er nach einer Weile fort, nahm einige Gulden aus der Westentasche und klimperte damit.

Die junge Frau schweigt. Pohorák auch, er hat seine Wut mit Branntwein gelöscht.

Eine Dame mit ihrem Dienstmädchen.

»Für wieviel sind die Hühner?«

»Für vierzig.«

»So teuer? – Für fünfunddreißig, nicht?«

Pohorák schweigt.

»Also! – Seien Sie nicht so starrsinnig!«

»Ach was! Ich kann nichts dafür – ich habe es mir so in den Kopf gesetzt – anders geb ich sie nicht!«

»Gehn wir weiter, gnädige Frau!« bemerkte das Dienstmädchen, »sie sind ohnehin schon fast grün.«

»Was? – Grün? – Grün bist du, alter Krautkopf! – Meine Hühner spielen in allen Farben!« Er nahm einige Hühner bei den Füßchen und drehte sie hin und her. »Juhu!« Die Marktweiber rundum beginnen zu lachen. Pohorák spült seinen Ärger hinunter.

Und so geht es weiter.

Der Markt lichtet sich. Die Tauben und Hühner Pohoráks sind noch immer unberührt. Manchmal blinzelt Pohorák wie fragend über den Wagen, dann knurrt er vor sich hin: »Was kann ich denn für meinen Kopf?«

Der Schnaps beginnt zu wirken.

Ein Verkäufer kommt vorüber: »Heiße Würstchen! Heiße Würstchen!«

»Gib ein Paar her!« Pohorák nimmt und ißt die Würstchen. Inzwischen verkauft der Würstelmann nebenan. Nach einer Weile kommt er zu Pohorák zurück.

»Väterchen, die drei Kreuzer für die Würstchen!«

»Für welche Würstchen?«

Die Hökerin nebenan: »Die Ihr eben gegessen habt.«

»Ich sollte Würstchen gegessen haben? Ihr seid alle zusammen verrückt!«

Streit. Pohorák flucht. Der Würstelmann ficht mit dem Haken und ruft den Polizisten.

Der Polizist: »Hatten Sie Würstchen?«

Pohorák glotzt ihn an: »Hatte.«

»Dann bezahlen Sie!«

»Selbstverständlich. Jetzt hab ich mich daran erinnert. – Wissen Sie, Herr Korporal, ich bin ein alter Kerl – ich hab schon einen komischen Kopf.«

Rundherum Gelächter. Düster hockt Pohorák da und jammert vor sich hin: »Der Kopf! – Dieser Kopf!« Dann trinkt er sein Fläschchen aus und raucht.

Die Sonne brennt unbarmherzig. Dem Pohorák ist nicht wohl. Er schaut auf den Hund, der im Schatten unterm Wagen schläft – langsam rafft sich Pohorák auf, deckt Hühner und Tauben zu – kriecht unter den Wagen. – –

Schon hat auch »Frau Hinkebein«, stets die letzte Käuferin, ihren Einkauf beendet. Körbe und Bretter verschwinden, die Hökerinnen tragen ihre Eierkisten fort. Der Polizist kommt und befiehlt: »Aufräumen!«

Auf seinem Rundgang hält er vor dem Wägelchen Pohoráks.

»Aufräumen, wem der Wagen gehört!« Und er rüttelt an der Deichsel. Dunkles Grunzen unter dem Wagen. Der Polizist bückt sich und sieht Pohorák, die Mütze unterm Kopf, ruhig schlafen. »Pohorák, aufstehn!« Er zieht ihn am Bein.

Der Hund springt auf und stößt den Wagen zur Seite, ein Rad rollt über Pohoráks Arm. Pohorák schläft weiter. Der Polizist lacht.

»He, begieß ihn!« ruft er einem der Straßenkehrer zu, die bereits dabei waren, den Marktplatz zu säubern. Schwapp! Eine halbe Kanne Wasser ergießt sich über Pohoráks armes Haupt.

Pohorák fährt zusammen, setzt sich aufrecht und reibt sich die Augen.

»Aufstehn!«

Pohorák erhebt sich langsam. »Ich bin ganz zerschlagen – ich bin halt schon alt, und diese Schinderei!«

»Dann kommt, Alterchen, eben mit mir! Dort könnt Ihr Euch ausschlafen.«

»Wie Sie befehlen.« Pohorák ergriff die Deichsel und ging, mit tiefem Kummer im Herzen, wohin der Polizist ihn führte.

Auf dem Boden bei Rumpál eine erregte Versammlung. Der gegenseitig geleistete Schwur, nie und niemals Verrat zu üben. Referat des Jan Žižka von Trocnov: »Ich habe ihn gesehen, so wahr ich hier stehe, alles in mir war in Aufruhr, aber ich konnte ihm nicht helfen!« Nur Nikolaus von Hus fehlte bei der Versammlung, er war schon unterwegs nach den Wäldern von Rakovník.

Ende der Todesangst von sechs Uhr früh bis zum Abend. Mühevoll zog Pohorák sein Wägelchen herauf und hielt vor Rumpáls Laden. Prokop der Kahle lauschte mit pochendem Herzen hinter der aus dem Laden in die Wohnung führenden Glastür.

»Mir wurde schlecht – sie mußten mich wegführen, und dort hab ich mich ein bißchen ausgeschlafen – es war heut ein armseliger Markt – vielleicht wird's morgen besser.«

Einige Tage später wurde in einem Winkel neben dem Röhrenbrunnen eine neue Pistole gefunden. Niemand wußte, wie sie dorthin gekommen war, und es gingen seltsame Gerüchte um.

Erst an die vier Wochen später schlich sich Prokop der Kahle zu Pohorák, der den leeren Wagen vom Markt heimzog, und fragte ihn: »Pohorák, was habt Ihr mit den sechs Gulden gemacht?«

Pohorák hielt an. »Welche sechs Gulden?«

»Ihr wißt doch, die ich Euch gab, damit Ihr mir – ein wenig Pulver solltet Ihr mir kaufen.«

»Mir sechs Gulden? – Joseflein! Joseflein! Mir scheint, Sie wollen alte Leute in Versuchung führen!« Und er hob warnend einen Finger der rechten Hand.

Aus dem Alltag der Prager Stadtpolizei

I

Ein kleiner Rundgang

Über den rückwärtigen Trakt der Prager Polizeidirektion, dem Teil, der in die Bartholomäusgasse mündet und so ärmlich, verblichen und düster aussieht, breitet sich schon das Dunkel der Nacht. Die Gaslaternen in den Straßen leuchten nicht, sie werden vielleicht noch angesteckt werden, aber jedenfalls erst dann, nachdem man sich gründlichst überzeugt hat, daß der Mond heute wirklich und wahrhaftig nicht scheinen will.

Trotzdem kann man an dem düsteren Gebäude ein noch düstereres Tor erkennen. Die Straße ist still, zuweilen hat man den Eindruck, hinter dem Tor Seufzer zu vernehmen, die in der Phantasie zum Stöhnen der eingekerkerten Opfer werden. Aber lasse man sich nicht von »Bleikammern« und »Seufzerbrücken« träumen! Das ein wenig langgezogene und in verschiedenen Tonlagen modulierte Seufzen ist das Gähnen des Schutzmanns, der dort auf einem Stuhl sitzt.

Plötzlich öffnet sich eine kleine Pforte im Tor, und drei Männer treten heraus. Alle drei in Zivil. Der Polizist schließt hinter ihnen die Tür und sagt halblaut: »Gute Nacht, Herr Kommissär!«

»Gute Nacht«, antwortete ebenfalls halblaut der Kommissär, klappt den Mantelkragen hoch und mummt sich sorgfältig in den Schal, denn es ist durchdringend kalt, Schnee fällt in vereinzelten Flocken, der Boden ist aufgeweicht. Gemessen schreitet er die Bartholomäusgasse hinunter, hinter ihm schlendern ebenso langsam seine beiden Assistenten vom Dienst, zwei Detektive. Heute haben sie's nicht eilig. Die Zentrale der Prager Stadtpolizei hat ihnen keine besondere Aufgabe gestellt, sie sind nur so, wie es die Dienstvorschrift verlangt, losgezogen. So wie jeden Tag Patrouillen aus den einzelnen Kommissariaten abzugehen pflegen, um die Prager Stadtluft zu säubern, damit die Prager Landstreicherzunft nicht vergißt, daß das gestrenge Auge des Gesetzes allzeit über sie wacht. Der Herr Kommissär weiß, daß er lange vor Mitternacht fertig sein wird, dann wird es möglich sein, zur eigenen Restaurierung ein solides Wirtshaus aufzusuchen; er weiß auch, daß er heute keinen großen Fällen begegnen wird, denn er muß diesmal nicht die Ställe und allerordinärsten Wirtsstuben voll unausstehlichem Gestank aufsuchen, wo sich die besoffene Prager Bettler- und Landstreicherzunft für eine Gebühr von vier Kreuzern auf halbverfaultem Stroh oder kahlen Tischen ausschläft. Es ist ihm sicher angenehm, daß er diesen Mief nicht zu atmen, nicht in die mißmutigen Gesichter grober Hausbesorger zu gucken und in diesigem Wetter lange an Tore zu klopfen braucht, die sich nichtpolizeilichen Personen erst dann einen kleinen Spalt breit öffnen, wenn sie sich beim Schein der flakkernden Laterne des Hauswarts mit dem nötigen Vierkreuzervermögen ausgewiesen haben. Der Herr Kommissär hat heute im Laufe des Tages überhaupt nicht daran gedacht, sich irgendeinen Plan zu machen. Nun hat er seinen Plan fertig, ehe er am Ende der Bartholomäusgasse angelangt ist. Hier überholen ihn seine Assistenten.

»Herr Kommissär, gehen wir direkt in die Josefstadt?« fragt der kleinere und ältere der Detektive. Er kennt seine Vorgesetzten und weiß, wer von ihnen wohin will und wann.

»Wir werfen einen Blick ins Bräuhaus von Sch...«, sagt der Kommissär. »Dort treibt sich vermutlich allerlei Gesindel herum.«

Die Schutzleute gehen nun einige Schritte vor dem Kommissär, wie die Vorhut einer Expedition. Einer wirft dem anderen ein Wort zu, und immer verstreicht eine Weile, ehe die Antwort fällt. Dafür sehen sie sich, wenn auch unauffällig, so doch um so fleißiger jeden Passanten genau an, vor allem Frauenzimmer ohne Begleitung. So geht's, »rechtes Auge rechts, links – linkes Auge links, rechts«, ein paar Minuten weiter, bis sie bei dem erwähnten Bräuhaus anlangen. Aus dem Inneren ertönt Lärm, der schrille Klang von Trompeten und Klarinetten. Unverzüglich tritt die Streife ein. Der Lärm hält noch einen Augenblick an, dann hören wir ihn – wir stehen draußen – ein wenig verstummen. Auch die Musik bricht plötzlich ab, eine Klarinette gibt noch ein Miauen von sich, und es ist still.

Doch das Schweigen hält nur ungefähr eine Minute an, allmählich springt der Lärm wieder auf und nimmt an Stärke zu. Trompeten und Klarinette fangen von neuem an, und von den ersten Takten der Kapelle begleitet, tritt die Patrouille wieder auf die Straße.

Statt drei Personen sind fünf herausgekommen. Die Streife hat zwei Personen festgenommen. Der kleinere der beiden Arretierten ist scheinbar ein Dorfjunge, etwa achtzehn, er folgt willig und still. Der größere, lang aufgeschossen und hager, kommt mir wie eine bekannte Prager Nachtstaffage vor. Er hat nur einen leichten Sommeranzug an, aus den kurzen Ärmeln der allzu knappen Jacke ragen knochige Hände, das scharfgeschnittene Gesicht wird von einem unordentlichen Bart überwuchert, unter der flachen Mütze hängt wirres Haar herab, wild blitzt sein Auge. Sobald er auf der Straße ist, fängt er an, lebhaft mit den Händen zu gestikulieren. »Herr Kommissär, ich muß recht sehr bitten – das darf mir nicht mehr geschehen, daß Sie mich jede Woche einmal hoppnehmen, das bin ich nicht gewöhnt!«

»Machen Sie, daß Sie weiterkommen, und halten Sie den Mund! Sie sind ein Faulpelz. Obwohl Sie nicht arbeiten, sitzen Sie ganze Tage lang in Wirtshäusern herum und trinken – wo nehmen Sie das Geld dazu her? Vorwärts!«

»Ich hab in Mexiko gekämpft – fragen Sie, wo Sie wollen, nach mir. – Ich bin ein Prager Junge!« fängt der Lackel zu schreien an.

»Leider – sonst wären wir Sie schon längst per Schub losgeworden! Nun schreien Sie aber nicht, gehen Sie und seien Sie still! – A., Sie gehen neben ihm!«

Der Zug setzt sich in Bewegung, A. und die beiden Verhafteten an der Spitze, gefolgt vom Kommissär mit dem zweiten Polizisten. Sie nehmen Kurs auf den Altstädter Ring.

»Der A. gefällt mir noch immer nicht«, bemerkt der Kommissär zu seinem Nachbarn. »Er schämt sich seines Amtes und rührt sich kaum von der Tür! Haben wir den Jungen schon einmal gehabt, was sagt er, er sei aus Dobříš?«

»Nein – ich hab ihn noch nie gesehen.«

»Mag sein, daß er die Wahrheit spricht und daß ihm wirklich irgendein Halunke den Ausweis gestohlen hat; aber, was kann man machen, er wird wenigstens im Warmen schlafen!«

In diesem Augenblick stößt der »Mexikaner« einen wilden Schrei aus und wirft sich zu Boden, schlägt mit Händen und Füßen um sich und grölt:

»Schlagen Sie mich nicht – warum puffen Sie mich, ist das eine Art, mit Leuten umzugehen – lassen Sie mich, ich geh ja, wie sich's gehört, und leiste keinen Widerstand!« Einige Passanten bleiben stehen, der Mexikaner schreit um so mehr. Der Kommissär hat natürlich gesehen, daß es ein Bubenstück ist. Er springt mit dem anderen Detektiv hinzu und geht selbst daran, den Mexikaner aufzuheben, der so tut, als könnte er sich gar nicht rühren. Auch der verhaftete Dorfbursche hilft mit.

»Benehmen Sie sich anständig. Das sage ich Ihnen, sonst können Sie was erleben! So ein Skandal wird Ihnen nichts nützen, ich hab wohl gesehen, daß der Beamte ruhig neben Ihnen herging!«

»Nein, gnädiger Herr, er hat mich ...«

»Halten Sie den Mund!«

Der Konvoi geht weiter; der Herr Kommissär mit dem anderen Kriminalbeamten hält sich jetzt dicht hinter den Verhafteten. Sie haben etwa fünfzig Schritt getan, da läßt sich der Mexikaner wieder zu Boden fallen. »Pfui Teufel«, schreit er und schlägt um sich, »so geht man mit Leuten um? Einen zu schubsen, bis der Mensch hinfällt? Das ist mir eine Gemeindepolizei, pfui Teufel!«

»Ruhe und sofort aufstehen!« befiehlt der Kommissär.

»Ich sag's Ihnen ganz offen, das ist ein schändliches

Benehmen – ich bin ein Prager Junge!« schreit der Mexikaner, als er sieht, daß eine Menge Leute stehenbleibt.

Der Kommissär beugt sich zu ihm nieder. »Ich stecke Sie in den ›Dreier‹, und Sie kommen drei Tage nicht hinaus!« Das Wort »Dreier« wirkt Wunder. Der Mexikaner steht freiwillig auf und geht nun von selber so schnellen Schritts voran, daß ihm die anderen kaum folgen können. Sie betreten die Wache im Altstädter Rathaus. »Den hier stecken Sie mir gleich hinter Gitter«, befiehlt der Kommissär; aber der Mexikaner, in den Räumlichkeiten gut bekannt, schob schon selbst auf das Lattengitter zu.

Der Kommissär setzte sich an den Schreibtisch und zog ein von ihm schon vorher unterschriebenes, gedrucktes Formular aus der Tasche: »Bericht über Festnahmen und Verhaftungen«, stand darauf. Er verhörte den verhafteten Burschen, trug Namen, Beruf, Heimatzuständigkeit und Personalbeschreibung in das Formular ein und verzeichnete die vorgefundenen Sachen. An Geld hatte der Junge nur ein paar Kreuzer bei sich, das übrige, einige Gulden, sei ihm angeblich gestohlen worden. Seine Antworten sind so einfältig, daß der Kommissär bald in der Überzeugung bestärkt ist, daß er keinen Spitzbuben vor sich hat.

»Lassen Sie ihn hier auf der Bank oder Pritsche schlafen, er hat saubere Wäsche an; aber Sie müssen trotzdem ein wachsames Auge auf ihn haben«, flüstert der Kommissär dem Wachhabenden zu und geht, von seinen zwei Detektiven begleitet, hinaus. »Da sind wir heute aber früh beim Ofen angelangt«, bemerkt der Kleinere.

»Na, es hat mit einem ganz schönen Krawall begonnen, der Kerl hat mich wütend gemacht – vielleicht werden wir aber nicht aufhören, wie wir angefangen haben«, antwortete mißmutig der Kommissär. »Gehen wir jetzt in die Josefstadt ...«

Unsre kleine Patrouille verliert sich im Labyrinth des Judenviertels. Die Polizisten haben einige Gassen durchschritten und sind vor einer der zahlreichen Schnapsbudiken stehengeblieben. Sie reißen die einfache, halbverglaste Tür auf, die auf die Straße führt. Eine Rauchwolke quillt heraus wie eine bedrohliche Säule. Sie sind eingetreten; ein Detektiv bezieht Posten an der Tür, der andre drängt sich mit dem Kommissär weiter vor.

Der Raum ist klein, nur etwa fünfundzwanzig bis dreißig Quadratmeter groß. Trotzdem sind hier an die vierzig Leute beisammen, in Qualm gehüllt, der für zwei Kasernen ausreichen würde, und das gelbe Licht der mächtigen altertümlichen Ölhängelampe ist grau und düster. In dieser aschfahlen Beleuchtung sehen die anwesenden Gestalten ganz greulich aus – freilich wären sie, auch beim hellsten Licht besehen, nicht schön, und man könnte fast sagen, daß die aschgraue Beleuchtung zu ihnen paßt wie Nebel zu einer öden Schlucht.

Es sind Menschen beiderlei Geschlechts, unterschiedlichen Alters – doch alle haben die gleichen verlebten und krankhaft bleichen Gesichter, und ihre Kleidung ist nur um ein geringes weniger schäbig, Leute von Kopf bis Fuß von so üblem Geruch, wie ihn nur Trunkenheit verleiht, die zur unerbittlichen Gewohnheit geworden ist. Ein neuer Menschenschlag ist's, den erst die Kultur geschaffen. Aber wie knausrig die Natur bei der Schöpfung neuer Gattungen ist, eine desto reichhaltigere Palette verwendet sie bei der Schaffung mannigfaltiger Individuen. Alle sind hier gleich und doch jeder für sich ganz anders, der ergiebige Gegenstand eines besonderen Studiums. Nicht jenes dummen Studiums, das meint, man könne vom Gesicht den Charakter ablesen und an der Form des Schädels Dieberei, Trunksucht und so weiter feststellen – als ob die Natur aufhörte, diese Schädelbildungen hervorzubringen, wenn das Privateigentum mit dem Begriff des Besitzes plötzlich aufgehoben würden, wenn es keinen Schnaps mehr gäbe und er nicht so verteufelt verlockend wäre, sondern für das Studium, welches die Runen im Gesicht entziffert, nach den Ursachen der schicksalhaften Zeichnung forscht und aus dem Individuum schließt, wie der ganzen Art zu helfen wäre.

Der Kommissär könnte viel von diesen Leuten erzählen, wenn er nur wollte, denn er kennt sie alle. Dort zwischen den Soldaten, die sich zufällig hierher verirrt haben, an dem einzigen Tisch im Raum sitzt ein Mediziner, der in Italien promoviert, England bereist, in Frankreich gelebt hat und – in Prag »Zyniker aus Überzeugung« geworden ist. Auf seinem Antlitz, auf dem einst Zeichen von Genialität zu finden waren, ist bereits jede Spur eines Gedankens in gelber Aufgeschwemmtheit versunken, und doch wird der Blick noch schamhaft zu Boden geschlagen. In diesem Haufen stehender Saufkumpane, das leere Glas in der Hand, fällt die hohe Gestalt eines ehemaligen Offiziers auf; der Leichtsinn hat sie gebeugt, die mit der größten Schande erfolgte Exklusion aus dem Offizierskorps sie mit Schmach beladen, das immer tiefere und tiefere Sinken, das ihn mit den Gerichten in Berührung brachte, seine aufrechte Haltung gebrochen. Neben ihm vertrinkt ein ehemals reicher Prager Bürger seine Erinnerungen, und um ihn drängen sich die übrigen Schnapsbrüder. Sie sind auf den verschiedensten Wegen zum Zynismus gelangt. Die einen schuldlos und durch die Macht des Schicksals, die zweiten durch Geschick und eigene Schuld, die dritten durch Armut, die bereits an ihrer Wiege stand und ihnen Ausschweifungen als das größte Glück erscheinen ließ.

Es sind auch Helden, aber Helden, die das Leben verachten, weil ihnen das Leben nichts bietet; aber auch wenn sie die höheren Genüsse mutwillig von sich geworfen hätten und im gröbsten Zynismus ihre einzige Befriedigung sähen, wenn sie keinem anderen schaden, kann man sie nicht verachten: einer mit Ruhm, der andere mit Rum. Mag ein jeder sein Leben vertun und versaufen wie er will! Der Herr Kommissär drängt sich durch das dichte Knäuel, geht hin und her und sieht sich alle Gesichter an, von denen ihn manche als altbekannten Beschützer begrüßen, und erkennt, daß er all das schon längst kennt.

»Na, wie steht's, immer noch keine Lust zum Arbeiten?«

»Sie sind schon wieder betrunken, kaum sind Sie aus dem Spital entlassen!«

»Wo haben Sie den Mantel, den wir Ihnen vorgestern gegeben haben – wieder versilbert, was?«

Auf verschiedene Art redete er die Leute an, aber die Antworten sind ausweichend, einsilbig. Um so lebhafter und vielsagender sind dafür die Blicke, mit denen sie die geringste seiner Bewegungen, jeden seiner Blicke verfolgen. Auch der Inhaber der Schankstube – er steht hinter der kleinen Theke und bewacht ein Fäßchen und einige dreckige Flaschen, aus denen er den Gästen nur gegen Barzahlung einschenkt – sieht zu und beobachtet, schweigend und gleichgültig, die ungebetenen Gäste; nur für Bruchteile einer Sekunde zuckt ein fast unmerkliches Lächeln über sein rotes Gesicht.

»Ah! Da ist jemand, den ich nicht kenn!« sagt der Kommissär und klopft einem am Boden sitzenden jungen Burschen auf die Schulter. »Stehen Sie mal ein bißchen auf!«

Der Bursche erhebt sich. Es ist ein etwa fünfzehnjähriger Junge. Seine Augen fallen vor völliger Erschöpfung zu, sein Gesicht zeigt, daß ihn der Alkohol vollständig überwältigt hat.

»Woher sind Sie?«

»Aus Písek.«

»Zeigen Sie Ihren Ausweis.«

Der Jüngling rührt sich nicht.

»A., nehmen Sie ihn mit!«

In dem Augenblick zupft der ältere Kriminalbeamte den Kommissär am Ärmel und flüstert, auf ein Loch in der Wand weisend, so groß wie eine Tür:

»Die Resi!«

»Ist jemand dort?« fragt der Kommissär den Wirt. Der Kneipenbesitzer schüttelt gleichgültig den Kopf, als wolle er sagen: Sie können ja nachsehen, wenn Sie wollen.

Der Kommissär geht mit dem Detektiv hinein. Der Wandöffnung gegenüber sitzt ein alter Flickschuster; beim Schein des erbärmlichen Lichts, das noch von draußen hereindringt, repariert er einen Frauenschuh. Das zerschlissene Schuhwerk der Armen muß diesen Alten ernähren. Viel verdient er wohl nicht, aber er gibt auch nichts dazu als etwas Bindfaden und ein Stück uraltes Leder. Er blickt nicht einmal auf, als die Polizisten eintreten, und schustert ruhig weiter.

Der Beamte dringt in die rechte, dunkle Ecke, gleich darauf ertönt Weibergeschrei und das Fluchen einiger Männer. Der Beamte zerrt ein Frauenzimmer ans Licht. Dahinter kommen einige Soldaten zum Vorschein.

»Wißt ihr nicht, welche Strafe euch droht, falls ihr euch widersetzen solltet?« mahnt der Kommissär. »Soll ich die Wache holen lassen?«

Betreten schweigen die Soldaten.

»Resi, Sie kommen mit!« Resi ist ein etwa zwanzigjähriges Mädel, barfuß, ärmlich gekleidet. Ihr zerzaustes Haar ist zur Hälfte unter einem Kopftuch verborgen; aber sie ist trotzdem hübsch, ihre dunklen, feurigen, trotzig dreinschauenden Augen kann man sogar schön nennen.

»Aber ich muß mir doch die Schuh anziehn – Schuster, her mit meinen Sandalen!« Sie ist in die Latschen geschlüpft und gibt dem Alten ein paar Kreuzer. »So«, bemerkt sie wieder, abmarschbereit. Aber plötzlich hält sie inne, wirft den Kopf zurück und sagt trotzig: »Wenn ich mitmuß, soll auch die Hoffmannka mitgehn! Sie ist dort unter der Pritsche versteckt, Herr Kommissär.«

»Hoffmannka, kriechen Sie raus!« ruft einer der Detektive, »rasch – nichts zu machen!« Aus dem Inneren der Nische hört man ein leises Rumoren, die Soldaten geben den Weg frei, zum Vorschein kommt ein fast vierzigjähriges Weib. Häßlich und schmierig. Um den ausgemergelten Leib schlottert ein einziger Rock.

»Na, gehen wir schon – vorwärts!« kommandiert der Kommissär.

»Gott, ist das eine Kälte!« jammerte die Hoffmannka, als sie auf die Straße kommen.

»Und dort drinnen war's so warm – du hast mich anschmieren müssen!«

»Ach was«, sagt ärgerlich die Resi, »wenn ich geh, wirst du auf dem Weg auch nicht erfrieren. Ich geb dir Brot, wenn du willst. Die gnädigen Herren gestatten ...«

»Ruhe jetzt auf der Straße! Macht, daß ihr weiterkommt! Und Sie, Resi, Ihnen haben wir gesagt, daß wir Sie einsperren, wann immer wir Sie hier finden!«

»Ich wollte mir nur den Schuh reparieren lassen.«

»Das kennen wir!«

Die Hoffmannka klappert mit den Zähnen. Mit einemmal wendet sie sich an den Kommissär: »Die gnädigen Herren haben die Rakovnická erst gestern abgeschoben, und heute ist sie schon wieder in Prag!«

»Wo steckt sie denn?«

»Wo sollte sie stecken – Sie wissen ja!«

»Gut, wir holen sie! – Aber wo haben wir denn den Jungen aus Písek gelassen? A., wo ist er?«

A. weiß nicht, was er antworten soll, beim Abführen der beiden Frauen haben alle den Jungen vergessen.

»Aber er ist doch mit uns herausgekommen«, sagt er und versucht, sich zu erinnern.

»Stimmt«, sagt der Kommissär und schüttelt den Kopf, »und dann ist er uns irgendwie entschlüpft! Irgendein durchtriebener Schelm. Hat nur so getan, als sei er betrunken. Dem Kerl ist nicht über den Weg zu trauen.«

Man führt die Weiber ab.

Wieder verlieren sie sich in den engen Gassen und

gehen in Richtung zum sogenannten »Brabčin«, wo es aussieht wie in den schmalen Gäßchen rund um das Palais Royal, in den Gassen, wo den Leuten am hellichten Tage die Ratten über die Füße springen und wo jener Abschaum des Lorettentums wohnt, der sich im freien Paris nicht einmal mehr in den Vorstadtkaffees kann blicken lassen.

Unter den Prostituierten gibt es wohl viele, die in anderer Hinsicht jedes zärtlichen, ja sogar edlen Gefühls fähig sind, aber gerade in der gewissen Beziehung ist dieses Gefühl eingeschlummert, und die bedauernswerten, freiwilligen oder unfreiwilligen Opfer der gesellschaftlichen Verhältnisse sind, was ihren Beruf betrifft, schon so unbeschwert wie die Hindufrauen, die Bewohnerinnen des japanischen Nippon oder der australischen Inseln ...

Der Kommissär ist eben vor einer Pforte stehengeblieben, die von der Straße geradewegs in eine Wohnung führt. Er klopft, die Tür wird geöffnet.

»Der Herr Kommissär«, haucht die Frau dem Manne zu, der am Tisch sitzt. Sie ist nicht mehr jung und sehr häuslich gekleidet. »Das ist mein Mann, Herr Kommissär!«

»Weiß schon«, sagt der. »Ich komm wegen der ..., die jetzt bei uns ist und sagt, sie hätte ihr Dienstbuch hiergelassen.«

»Sie hat nichts bei mir als ein bißchen Wäsche. Dort hängen ihre Juwelen«, sagt die Frau und steigt auf einen Stuhl, um auf den Schrank langen zu können. Das kleine, unregelmäßig gebaute Zimmer, fast dreieckig mit seinen Zickzackwänden, ist von Wäscheleinen durchzogen, an denen Wäsche baumelt, so daß die Polizisten, die hin und her gehen und jede Ecke durchstöbern, dranstoßen.

»Nein, sie hat nichts da«, bestätigt die Frau, nimmt ein Legitimationsbuch in die Hand und legt es gleich wieder weg.

»Zeigen Sie mir das Buch«, befiehlt der Kommissär. Er wirft einen Blick hinein. »Das ist das Buch der Bendová? Wie kommt das zu Ihnen?«

»Sie sucht eine Stelle und hat mir das Büchlein zum Aufbewahren gegeben.«

»Macht nichts, ich nehme es mit, und die Bendová soll sich das Buch bei uns holen. Werden mal sehen, was wirklich dahintersteckt.« Und der Herr Kommissär hat das Buch schon in die Tasche gesteckt. »Und noch etwas. Beherbergen Sie niemals Revertantinnen!«

»Bitte untertänigst, ich weiß überhaupt nicht, was das ist.«

»Na, schon gut! Das sind die, was ohne Erlaubnis wieder nach Prag zurückkommen. Kennen Sie die nicht? Also Vorsicht – gute Nacht!«

»Küß die Hand, gnädiger Herr.«

Sie stehen wieder auf der Straße, schweigend wie vorher schreiten sie vorwärts. Sie sind nicht weit gekommen, da plötzlich hemmt etwas die Schritte des Kommissärs. In einer Parterrewohnung wird ans Fenster geklopft, und ein Frauenkopf taucht auf und nickt grüßend. Die Polizisten drücken sich an die Mauer. Der Kopf ist vom Fenster verschwunden, eine Tür wird geöffnet, die Klinke schnappt, und die zweite Tür auf die Straße tut sich auf.

Der Kommissär betritt die Schwelle. »Sie sind an den Falschen geraten; führen Sie uns in die Wohnung!«

»Ah, das ist unser gnädiger Herr«, stottert die Überraschte, »bitte, die Tür, hier ist es sehr niedrig, daß sich keiner stößt!« Die niedere Tür wird aufgetan, die Polizeibeamten betreten ein dürftig beleuchtetes Zimmer.

»Sie wissen, daß sie niemanden rufen oder anlocken sollen, Sie werden bestraft werden. Zeigen Sie das Buch, wenn Sie's hier haben«, befiehlt der Kommissär dem Weibsbild, von dessen Zügen die unangenehme Überraschung noch nicht gewichen ist, und sieht sich in der Stube um. Die Kammer bildet ein kleines, regelmäßiges Viereck. Die Wände sind wohl schon jahrelang nicht mehr geweißt worden, und sie sehen beim flackernden Licht der Tischlampe noch schwärzer aus, als sie es in Wirklichkeit sind. Außer dem Raum unterm Tisch ist auf dem Fußboden nur sehr wenig Platz, denn in jeder der vier Ecken liegt ein mächtiger, breiter und fußhoch gestopfter Strohsack von zwei Brettern eingerahmt, die seitlich frei in den Raum ragen. Es sieht aus, als wären vier Wohnungen in diesem kleinen Raum, der auch wirklich für vier verschiedene Mieter hergerichtet ist. Auf zweien der Strohsäcke wälzen sich je ein paar kleine Kinder, ihre Mütter sitzen am »Bettrand«, Väter sind keine da; vielleicht sind die Kinder Waisen und die Mütter Witwen. Auf dem dritten Lager liegt ein Weibsbild, in sich gesunken; beim Eintreten der Polizisten hat sie sich nicht mal gerührt, aber unter dem Kopftuch blitzen die Ankömmlinge zwei giftige Katzenaugen an. Auf der vierten Bettstelle sitzt ein ungefähr zwanzigjähriger Jüngling, dem Aussehen nach ein Handwerker. Neben ihm steht ein etwa zehnjähriges kleines Mädchen und umarmt ihn. Sie blickt die erschienenen

Herren mit großen, furchtsamen Augen an, obwohl ähnliche Besuche ihr nichts Neues sind. Die Kleine ist nicht hübsch, ihr Gesichtchen ist mager, ja krankhaft, sie spricht uns aber mit einem Ausdruck an, »der nicht spricht, ohne zu weinen, und doch rührt«, dem Ausdruck reinster Unschuld. Der Gesichtsausdruck ist es, der das kleine Antlitz so verschönt, verschwindet er, so gibt es keine Macht der Natur, die auf dies Gesicht eine ähnliche Schönheit zaubern könnte. Hinter dem Jüngling sitzt eine junge Frau, nur ein wenig älter als er, sie hat schwarzes Haar, Feuer im Blick, ein dunkles Gesicht, das »lustig in die Welt lächelt«.

»Das Buch hat Frau . . .«, antwortet das erste Weib, eine etwa dreißigjährige Blondine, von nicht gerade angenehmen Gesichtszügen.

»Nun, Alte, etwas plötzlich, und heraus mit dem Buch!«

Es raschelt auf dem »Bett«, faul rekelt sich ein Glied nach dem anderen, bis sich endlich die ganze Gestalt aufrichtet. Es ist ein uraltes Weib, knochig und mit scharfen Gesichtszügen, Hals und Brust unglaublich mager. Sie nimmt eine tiefe Pappschachtel vom Boden, stellt sie auf den Tisch. Als sie, das Tuch in den Nacken geschoben, beim Schein der flackernden Lampe in der Schachtel zu kramen beginnt, sieht sie geradzu dantesk aus.

Der Kommissär überfliegt die Anwesenden mit einem prüfenden Blick und tuschelt dann mit dem älteren Beamten . . .

Jetzt bleibt sein Auge auf dem jungen Burschen haften.

»Wer sind Sie?«

»Ach, das ist mein Freund«, teilt schnell die Brünette mir. »Dieser Herr kennt ihn gut«, fügt sie hinzu, auf den älteren Schutzmann weisend.

»Ich kenn auch seinen Vater«, bestätigt der, »beide sind Prager – ich kann nichts Schlechtes von ihm sagen«, fügt er heimlich hinzu. Der Herr Kommissär ist anscheinend zufrieden, daß er nicht einen jener Burschen vor sich hat, die man in Berlin »Lude«, in Wien »Strizzi« und in Prag »Pepík« nennt.

Ja, auch dort, wo der Mensch völlige Herzensleere voraussetzen würde, spendet die Natur wirkliche, ganze Liebe. Und die Liebe fordert auch hier alle ihre ewigen Attribute, Blindheit mit inbegriffen.

»Und wessen Mädel ist das?« fragte der Herr Kommissär und legt dem Kind die Hand auf den Kopf. Das kleine Mädchen erbebt unter seiner Hand und schlägt die Ellbogen vors Gesicht.

»Tienchen – Äffchen – sei doch brav!« ermahnt die Blondine sie, drückt sie an die Brust und sieht das Kind unaussprechlich liebevoll an. »Das ist mein Diamant, aus der muß was werden, und wenn ich betteln gehen sollte, was ...« Plötzlich verstummt die Mutter, als wäre sie vor einem Abgrund zurückgeschreckt, und preßt das Kind von neuem fest an sich, als wolle sie den Abgrund mit ihrer Liebe ausfüllen. Daß nur der Widerspruch zwischen der gezogenen Lehre und den schlechten Beispielen den Abgrund nicht von neuem aufreißt! Vielleicht hatte sich dieser Gedanke der Mutter bemächtigt. Plötzlich zuckte sie zusammen, sah sich verlegen um, und als sie die »Frau« noch immer in der Schachtel herumwühlen sah, herrschte sie sie barsch und scharf an:

»Na, was machen Sie denn so lange, Alte, finden Sie sich vor lauter Traumbüchern nicht zurecht?«

»Ich hab's schon«, sagte heiser die alte Schachtel und reicht dem Kommissär das Buch. Er steckt es in die Tasche.

»Kommen Sie's morgen holen! – Gute Nacht!«

»Ja, ich komm – Vorsicht bitte! auf die Tür!«

»Gehen wir noch wohin?« fragt der ältere Polizist.

»Auf der J.-Straße treiben sich angeblich wieder welche rum, wir werfen mal einen Blick zur Badeanstalt.«

Mit hastigen Schritten gehen die Polizeibeamten voran, als wollten sie den Herrn Kommissär zwingen, das Ende des Rundgangs zu beschleunigen.

Der Kommissär hat von dem naßkalten Wetter auch schon die Nase voll und paßt sich ihrer Eile an.

In einigen Minuten sind sie in der J.-Straße und dringen sofort, ohne viel Umstände, in den Hof eines der dortigen Häuser, das ihnen bereits gut bekannt ist. Ehe der Herr Kommissär ein paar Schritte vorwärts getan hat, sind die Schutzleute mit zwei jungen, ziemlich eleganten Mädchen wieder zurück.

»Die Waltrová und eine Fremde«, rapportiert der jüngere Polizist, dem größeren Mädchen forschend ins Gesicht blickend. »Sie haben dort mit einem Herrn verhandelt.«

Im selben Moment tritt der Herr aus dem Hof, drückt sich den Hut in die Stirn und eilt schnell auf die andere Seite der Straße.

»Waltrová, Sie trifft man aber auch jeden Augenblick«, sagt der Kommissär rügend zu der Kleineren und Hübscheren der beiden.

»Was soll ich machen?« Sie zuckt hochmütig die Schultern.

»Also auf die Wache! A., führen Sie sie ab!«

Die Größere fängt an zu widersprechen.

»Bitt dich, mach doch keinen Krach«, meint die Waltrová verächtlich.

»Über den Graben gehen, das könntest du? Wenn du erst mal im Kittchen warst, kommst du noch öfter rein!«

Bald sind sie auf der Neustädter Wache in der Pfandleihgasse angelangt. Heimelige Wärme herrscht hier, das Licht brennt hell, und Pellkartoffeln erfüllen die Luft mit ihrem eigentümlichen Duft; die Polizisten sitzen in Uniform an einem langen sauberen Tisch und schälen gemeinsam ihr Abendbrot.

»Ich hätte beinahe Appetit auf einen Happen«, meldet sich die Waltrová wieder zu Wort.

»Schweigen Sie, und antworten Sie nur, wenn Sie gefragt werden!«

Der vorläufige Verhaftungsbericht ist bald fertig.

»Na, gehen wir – damit wir uns ausschlafen«, sagt die Waltrová und nötigt ihre widerspenstige Gefährtin zum Aufbruch.

Man öffnet ihnen die Tür auf den Gang, er ist kalt und nur schwach beleuchtet. Hier stehen zwei Pritschen, voneinander getrennt, in einem mit einem Schloß festversperrten Lattenkäfig. In der Männerabteilung liegt ein einzelner Gefangener, reglos; im Halbdunkel sieht er aus wie ein wildes Tier, das man grausam in einen Käfig gesperrt hat.

Als man die Mädchen einschließt, bewegt er sich und gähnt zitternd vor Kälte.

Und die Winternacht ist so lang – gute Nacht!

II
In der »Pforte«

Ein ziemlich großes und geräumiges Zimmer, doch mit einem niedrigen Gewölbe. Es wird in der Mitte von einem mächtigen gemauerten Pfeiler gestützt, der den Raum und das Licht in zwei Teile teilt. Vom Pfeiler zur Wand zieht sich zwischen den beiden eher niedrigen Fenstern ein hohes Holzgitter hin, welches den vorderen Teil des Raumes nochmals in zwei Teile trennt. Im Hintergrund des Amtslokals steht ein mächtiger Ofen, an jedem Fenster ein Schreibtischchen, leer, nur mit einem einfachen Tintenfaß bedacht, es ist hier einsam und öde. Nur zwei kleine Öllämpchen rußen stark die Wand an und verbreiten ein unregelmäßiges, trübes und trauriges Licht.

Just dem Eingang gegenüber führt eine ebenfalls niedrig gewölbte, aber kleinere Tür ins Nebenzimmer. Sie ist offen, Licht dringt heraus. Gleich hinter der Tür steht auf einem Schreibpult ein Leuchter mit einer Talgkerze, und an dem Pult sitzt ein Mann und gähnt. Er ist nicht mehr jung, doch stattlich, die Haare hat er kurz geschnitten, ein volles Gesicht, rot und aalglatt rasiert, die Brauen kühn geschwungen. Es ist der Herr Profos unsrer Gemeindepolizei, der Pförtner ihres Gefängnisses; mit seiner Statur würde er nicht nur der Polizei, sondern wohl auch einem Kloster als Pförtner oder Pater-Guardian alle Ehre machen.

Wir müssen nun doch sagen, wo wir uns eigentlich befinden. Der eben beschriebene Raum ist die Empfangskanzlei unsrer Polizei, wie amtlich über der Tür geschrieben steht, doch im Volksmund wird sie Pforte genannt. Sie befindet sich im Verbindungsgebäude zwischen der Gemeinde- und der Staatspolizei und hat daher auch noch zwei winzige Fenster in den Hof des Staatspolizeigebäudes und an den schmalen Verbindungsgang, der mit einer festen Tür versperrt ist, die sich, wenn man mit dem Riemen daran klopft, von der Pforte aus öffnet.

Ein Wintermorgen, bald sechs, draußen ist's noch stockfinster. Doch wir hören, daß im Hofe des Gebäudes schon reges Leben herrscht. Der Hahn kräht dort seine letzten nächtlichen Bemerkungen, die hastigen Schritte von zwei, drei Personen weisen darauf hin, daß gerade das Frühreinemachen der Gefängnisräume im Gang ist, das ächzende Knarren des Haupttors deutet an, daß der müde gewordene Schutzmann seinen eingeschlafenen Beinen befiehlt, sich von Zeit zu Zeit immer wieder hinauszubegeben, um Ausschau zu halten – ob nicht schon der Morgen naht und mit ihm die Ablösung.

Hin und wieder knarrt auch die Tür unserer Pforte, und der Heizer betritt das Haus. Er schaufelt Kohle in den mächtigen Ofen. Bald prasselt es dort lustig, aus der Ofentür lodert ein Feuerschein und ringelt sich über den Fußboden. Eine angenehme Wärme verbreitet sich in der Stube, und von den Innenfenstern rinnen Schweißtropfen herab. Wieder geht die Tür auf, und herein tritt einer der Gefängniswärter. Er haut das Schlüsselbund wütend auf den Tisch, reibt sich die Hände und geht um den Pfeiler herum zur Tür des Nebenzimmers.

»Guten Morgen«, begrüßt er den Herrn Profos.

»Guten Morgen«, dankt der und fährt in seiner Büroarbeit fort.

Um sich später nicht aufzuhalten, trägt er die Nummern der künftigen Häftlinge gleich im vorhinein in das ordentlich linierte »Hauptbuch« ein. Seit dem 1. Januar ist er schon beim zweiten Tausend angelangt – der Herr Profos muß weiter zählen können als bis hundert, im Laufe eines Jahres kommen hier über fünfundzwanzigtausend Strafgefangene vorbei.

»Hab ich heute eine Nacht gehabt!« sagte der Aufseher verärgert.

»Na?«

»Wissen Sie, die, was sie uns gestern vom Gericht gebracht haben, fängt in der Nacht an wie verrückt an die Tür zu ballern und flennt, ihr sei schlecht. Ich lief gleich – da bin ich aber an die richtige Adresse gekommen! Die eine Bezirkshebamme sagte, sie sei schon in Pension, und die zweite, sie schwitze zu sehr und könne nicht raus. Ich renn also wieder zurück und übergeb das Mädel der Wache, sie sollen den Herrn Doktor rufen und einen Sarg mitbringen, wenn's schlimmer käme. Gegen Morgen fing sie wieder an, ihnen ein Liedchen zu singen, nun kam der Doktor und sagte, ihr fehle nichts, rein gar nichts. Das sind mir ...«

»Jaja«, bestätigt der Herr Profos, ruhig weiter seine Ziffern malend.

Der Wärter, über die Zustimmung erfreut, geht wieder hinaus. Im Raum wird es still. Eine fast träumerische Stille. Zum Einschlafen. Nur der Ofen knistert ein fröhliches Lied.

Erst jetzt bemerken wir: Im Schatten des Pfeilers, über das hölzerne Multiplikationszeichen erhaben, steht einsam und verlassen ein mit einer Leinwand verhüllter Leierkasten, still und stumm. Freilich schlummert darin der klingende Reichtum italienischer Arien, Wiener Walzer und Prager Gassenhauer, aber sie sind – wie gepökelte sächsische Nachtigallen auf einer Schnur – auf die hölzerne Walze gespießt – ihr Herr und Meister ist nicht da, der Talent hat und eine eiserne Kurbel dazu. Singt doch das Lied:

»Ei, sieh das Lied weit in der Ferne schweifen,
Und wenn der Sang sich in die Weite schwingt,
So muß der Spielmann mit, der Spielmann,
der ihn singt!«

Und auch dieser Spielmann wird, seinen Liedern folgend, hermüssen und »wegen unerlaubter Menschheitsbeglückung« und »übermäßiger Aufrichtigkeit des Ausdrucks im Gespräch mit einem Schutzmann« vierundzwanzig Stunden Karzer aufgebrummt bekommen.

Plötzlich nähern sich wieder Schritte von draußen. Die Tür geht auf, der zweite Aufseher tritt ein, hinter ihm ein ältlicher, ärmlich gekleideter Mann, ihm folgt ein Amtsdiener mit einem Buch, aus dem Akten herausschauen. Es ist der Amtsdiener der Strafanstalt beim heiligen Wenzel. Er bringt einen Mann, der wegen einer unseligen Rauferei zu einigen Monaten verurteilt worden war und gerade seine Strafe verbüßt hat und durch die Stadtpolizei seiner Heimatgemeinde übergeben werden soll.

Der Diener übergibt dem Aufseher die Akten, zieht ein Papier aus der Tasche, in dem Geld eingewickelt ist, und fängt an, es herzuzählen: »fünfzehn Gulden neununddreißig Kreuzer – und hier Jacke, Weste und zwei Hemden«, fügt er hinzu und legt ein kleines Bündel auf den Tisch. Das Geld hat der Sträfling durch kleinere Arbeiten im Gefängnis verdient.

Der Beschließer bescheinigt Geld, Mann und Effekten, und der Diener geht. Die Habseligkeiten werden in den hinteren Raum getragen, der Herr Profos befiehlt: »In den Sechzehner!«

Die Schlüssel klirren, wieder ist es still und einsam im Raum.

Aber nicht lange. Draußen ertönen die Schritte vieler Leute und mannigfaltige Stimmen. Die Tür fliegt auf, die beiden Aufseher treten ein, ihnen folgen auf dem Fuß Stadtpolizisten, hinter ihnen ein Haufen Männer und Frauen und wieder Schutzleute. Kaum hat sich die Tür hinter ihnen geschlossen, geht sie von neuem auf, weitere Wachmänner mit neuen Leuten kommen herein. Sie bringen jetzt von den einzelnen Kommissariaten, was sich dort zwischen Abenddämmerung und Morgengrauen eingefunden hat und abgeliefert worden ist. Der größte Schub kommt immer aus der Altstadt, deren Kommissariat auch die in der Josefstadt Verhafteten aufnimmt.

Die Schutzleute geben die von den Bezirkssekretären unterfertigten Verhaftungsberichte ab; die beiden Gefängnisaufseher sehen mit dem Herrn Profos die Berichte durch, in denen jedes verbrochene Schimpfwort gewissenhaft verzeichnet ist, und versehen sie mit der Nummer der Gefängnisabteilung. An und für sich haben sie nicht viel Schreibarbeit damit; ein Vergleich der Personalbeschreibung mit der wirklichen Person ist fast immer unnötig, denn bei der überwiegenden Mehrzahl der Leute, die vorgeführt werden, steht statt einer eingehenden Beschreibung nur lakonisch das Wort »bekannt«; meist weiblichen Geschlechts.

Eine große Anzahl dieser Frauen wird jeden Morgen hier eingeliefert – soweit diese Geschöpfe allerdings nicht die ganze Zeit eingesperrt sind. Die Sorge um ihre Wohnung überlassen sie ganz unbesorgt der hohen Polizei, daher weisen die Verhaftungsberichte mehrere Rubriken auf; gewöhnlich steht darin: »wegen Landstreicherei«, »wegen öffentlicher Unsittlichkeit«, »wegen Herumlungern auf der Straße«, »wegen Trunkenheit« und ähnliches, von einem Wohnort ist keine Rede.

Die Männer benehmen sich ruhig, dafür beginnen die Weiber gleich Unfug zu treiben. Von diesen Weibern ist bekannt – obwohl jede allein oft ein demütiges, ja manchmal sogar schamhaftes Benehmen an den Tag legt, daß eine sich vor der anderen jeder Zärtlichkeit schämt –, daß eine die andere an frivolen Witzen und an Frechheit zu übertreffen sucht, wofür ihr die übrigen mit wüstem Gelächter Beifall spenden.

Die Frauen gehen im Zimmer herum, als wären sie zu Hause, drehen sich auf dem Absatz, knabbern Semmeln und Äpfel, die sie aufs freundschaftlichste miteinander teilen, unterhalten sich, witzeln, lachen laut. So laut, daß der Herr Profos oft mit Stentorstimme »Ruhe!« donnern muß, damit sich die Wellen der Unterhaltung für eine Weile legen.

»Sind Sie sauber?« fragte einer der Inquistitoren einen kränklich aussehenden Mann. Die Frage zielt auf jene Art von Ungeziefer ab, zu deren Mord die Hottentottin die Zähne, der Europäer nur die Fingernägel gebraucht.

»Nein«, antwortet der Gefangene ehrlich. Der Inquisitor schreibt in die Rubrik »Gefängnisnummer« eine Drei.

»Und Sie?«

»Waas?« fragte der nächste, ein zerlumpter Mann mit verbissenem Gesicht.

»Na, ob Sie rein sind.«

»Jawohl.«

»Natürlich, in den Lumpen, man sieht's Ihnen an! Wo schlafen Sie?«

»Beim Kalkofen.«

Der Inquisitor weiß genug und schreibt eine Drei.

Der Herr Profos übernimmt von den Schutzleuten alles, was man den Verhafteten abgenommen hat, dann greift er nach den »Verhaftungsberichten«, auf denen bereits die Nummern der Gefängnisabteilungen verzeichnet sind, welche die Häftlinge erwarten. Er verliest die Namen der für die »Sechzehn« notierten Weibsbilder.

»Hier!« – »Da!« ertönt die Antwort.

»Hier bin ich!«

»Auch da!«

»Wie – ich? Na klar, daß ich da bin!«

»Nein, bin nicht da!« Wüstes Gelächter begleitet die Antwort.

»Ruhe – vorwärts in die Sechzehn!« Die Schlüssel klirren, der Wärter tritt hinaus, ihm folgen lustig die Weiber, und ihr Gelächter und Geschnatter ist noch auf dem Hof und den Gängen zu hören.

Ein Haufe nach dem andern wird in die vorgesehenen Abteilungen des Gefängnisses abgeführt; die ganze Szene hat nur etwa fünf Minuten gedauert. Schon liegt die Empfangskanzlei wieder still da, öd und verlassen.

Der Herr Profos trägt seine Schutzbefohlenen ins Hauptbuch ein. Doch die Stille dauert wieder nicht lange ...

Zehn vorbei. In die Pforte kommt ein Beamter mit einem Packen Akten unter dem Arm. Er legt sie auf den Tisch neben dem zweiten Fenster und befiehlt dem Aufseher: »Führen Sie die Leute vom Dreier vor!« Der Wärter geht in das gegenüberliegende Gebäude, und der Herr Kommissär sieht zu, wie aus dem ebenerdigen Gefängnis ein »Dreiermann« nach dem anderen herauskommt. Sie überqueren im Gänsemarsch den Hof, einer dem anderen auf den Fersen, eine lange Kolonne, sind doch während der Nacht von allen Kommissariaten ausgiebige Streifen eingesetzt worden. Sie bieten einen seltsamen Anblick, traurig und wunderlich! Kein einziger von ihnen geht aufrecht, jeder schreitet gebückt. Alle gehen sie geduckt, vor Kälte zitternd, einer ist nach dieser Seite gekrümmt, der andere nach jener. Einer hinkt recht, der zweite links. Es scheint, als genüge ein Windhauch, um die ganze Reihe hinpurzeln zu lassen. Man wird unwillkürlich an Falstaffs Heer erinnert und hört, wie der speckige Sir John, der »die toten Leichname« zu Soldaten geworben, ehrlich gesteht: »Wenn ich mich nicht meiner Soldaten schäme, so bin ich ein Stockfisch!«

Sie sind in die Pforte hineingehumpelt, ich sehe sie aus der Nähe. Ein sonderbarer, ja widerwärtiger Anblick! Alles, was Falstaff schildert, kann man hier beobachten – und die Schilderung bleibt hinter der Wirklichkeit noch zurück.

»Nur anderthalb Hemden gibt es in meiner ganzen Kompanie; und das halbe besteht aus zwei zusammengenähten Taschentüchern, die über die Schultern geworfen sind wie ein Heroldsmantel ohne Ärmel, und das Hemde ist, die Wahrheit zu sagen . . . gestohlen. Doch das macht nichts. Wäsche finde ich genug an jedem Zaun.«

An diesen unseren Prager Burschen aber würde man, trotz der oft vorkommenden Bodendiebstähle, nicht einmal ein einziges Hemd finden; von einem halben gar nicht zu reden. Sie geben sich nicht einmal die Mühe, die Hand bis zum Zaun auszustrecken: Die Barmherzigkeit der Gemeinde ist ihre Wäscherei und Kleiderkammer. Sie sind »zehnmal schmählicher zerlumpt als eine alte geflickte Standarte«. Fürwahr, solche Elendsgestalten, »die so zerlumpt sind wie Lazarus«, kriegt man anderswo nicht zu sehen. Es scheint, als wären sie auf besondere Bestellung aus Kloaken und anderen Orten, die nächtliche Finsternis deckt, ans Licht gezogen worden; nirgendwo sonst in Prag sieht man solch einen Dreck und solch eine Blöße. Bekleidet oder, besser gesagt, mit Lumpen behangen, sind sie, scheint's nur, um die Nacktheit noch nackter zu machen. Von den Jacken sind nur unscheinbare Fetzen übrig, an der Stelle, wo einst der Kragen war, hängen bei manchen nur ein paar Fäden herab, ihre Kleidung besteht hauptsächlich aus – Bindfaden um Brust, Füße und Hüften.

Die Beamten wagen nicht, diese »Dreierleute« zum Verhör ins Büro hinaufzurufen; ein einziger von ihnen würde ausreichen, das ganze Zimmer zu verpesten.

Der Aufseher weist sie zu den Beamten. »Zurück«, befiehlt er den Vortretenden, und »zurück« ertönt es jedesmal, wenn sich einer von ihnen beim Verhör wieder gefährlich nah herandrängt. Die Verhöre sind kurz, beim überwiegenden Teil der Dreierinsassen steht an Stelle der Personalbeschreibung wieder einfach das Wort »bekannt«.

Der Alte wollte angeblich eben ins Krankenhaus, als ihn die Patrouille aufgriff. Bereitwillig will er seinen wehen Fuß zeigen, was ihm aber untersagt wird. Er wird ins Krankenhaus eingeliefert und eingekleidet werden.

Ein »ehemaliger Gastwirt« hat einen Anzug an, aus dem er mit irgendeinem scharfen Werkzeug und sichtlich mutwillig regelmäßige Dreiecke herausgeschnitten hat. Er bittet den »hohen Magistrat« um »vollständige Wäsche, Weste, Mantel, Halstuch, Schuhe, aber gute, einen Hut, aber einen anständigen« – er wird in die »Fischpanka« gehn, bekommt Kleidung und achtundvierzig Stunden Arrest dazu.

Der ausgediente »Mexikaner« lacht andauernd. »Sie haben diesen Monat schon dreimal Kleidung bekommen.«

»Das war vorigen Monat. Diesen Monat erst zweimal.«

»Und Sie verkaufen die Sachen immer gleich und vertrinken's.«

»Bitte, das geht keinen was an, wenn's mir die hohe Gemeinde gibt.«

Achtundvierzig Stunden, aber auch Kleidung, die Gemeinde weiß sich mit der Blöße nicht zu helfen!

Ein anderer Veteran. Er blickt sehr frech drein und gibt mit fester Stimme seine Antworten.

»Sie treiben sich schon zwei Jahre lang in Prag herum und sagen andauernd, Sie suchten Arbeit.«

»Wenn's aber keine gibt!«

»Und wenn's welche gäbe?«

»Ich würde sie zum Teufel jagen!«

»Sagen Sie mal, woher sind Sie eigentlich?«

»Weiß ich doch nicht.«

»Haben Sie auch gar keine Verwandten?«

»Brüder und Schwestern.«

»Und die sind?«

»Die sind.«

»Aber wo?«

»In Wien und leben dort wie die Herrn.«

»Sagen Sie mir ihre Adresse.«

»Kenn ich nicht.«

»Sie stinken nach Schnaps – Sie trinken wohl viel Schnaps?«

»Tu ich.«

Der wutschnaubende Beamte schreibt achtundvierzig Stunden und Fasten. Aber Kleider kriegt er auf der Fischpanka doch.

Das Verhör der ganzen Gesellschaft ist in einer Viertelstunde beendet, und Falstaffs Schar wandert wieder in ihrer ursprünglichen malerischen Ordnung in den »Dreier« zurück.

Der Herr Profos stellt aber bereits das Verzeichnis der Leute zusammen, die zum Mittagessen dableiben. Jeder kriegt einen halben Laib schmackhaftes Brot und ein Seidel Suppe; »Rumford-Suppe« nennen sie die Brühe, doch sie sagen, sie sei gut, »lege einen aber nicht um«.

III

Amtliches Quodlibet

An den drei Fenstern des langgestreckten Raumes sitzen die jungen Beamten hinter ihren Schreibtischen, einer nach dem andern sieht nach der Uhr: Sie würden schon gern mit dem Verhör beginnen, denn es ist bald zehn . . .

Ein leichtes Klopfen, ein Herr tritt ein. Ein Prager Bürger und Weber. Er kommt einen Diebstahl anzeigen, der am frühen Morgen in seinem Laden verübt wurde.

Den Dieb hat er zwar nicht erwischt, sich aber sein Gesicht so gut gemerkt, daß er sein Aussehen auf ein Stück Papier gezeichnet hat. Obwohl er überhaupt nicht zeichnen kann, ist er überzeugt, nach seiner Zeichnung müsse jedermann den Täter erkennen. Die Polizisten stecken die Köpfe zusammen, die Kriminalbeamten werden herbeigerufen, niemand kann nach der »Zeichnung« ein Urteil fällen. Der Bürger hat alles genau angegeben und ist gegangen. Gleich nach seinem Abgang wird einer der Beamten, ein bärtiger Mann mit auffallend scharf blickenden Augen, damit betraut, in das ausgeräumte Geschäft zu gehen und zu versuchen, dem Diebstahl auf die Spur zu kommen ...

Ein neuer Besucher kommt: schäbig, zerlumpt, gelb und von krankhaftem Aussehen, an einer Krücke humpelnd. Der arme Tropf beklagt sich, in einem gewissen Prager Achtgroschenblatt wäre von ihm behauptet worden, er sei unter dem Verdacht der Beteiligung am letzten Prager Mord verhaftet, und man hätte ihn so genau beschrieben, daß ihn, eine weit und breit bekannte Persönlichkeit, jedes Kind erkennen könne. Man sieht es ihm an, daß ihn das Unrecht wirklich schmerzt, er jammert wie ein kleines Kind.

»Die Jungs laufen mir nach und schreien: ›Mordonkel‹, ich schäm mich so, ich schäm mich so«, beklagt er sich.

»Aber jeder sieht ja, daß Sie nicht eingesperrt sind«, besänftigt ihn der Beamte.

Aber der arme Wicht jammert weiter: »Sie wollen mir schaden, damit ich kein Spielzeug mehr verkaufen kann« und raschelt mit ein paar aus Papier geschnittenen Spielwaren. »Sie haben schon einmal von mir erzählt, daß ich statt Eichhörnchen in Fell eingenähte Ratten verkaufe, und es war auch nicht wahr.«

»Wissen Sie was! Gehen Sie in die Redaktion und bitten Sie die Herren, es zu widerrufen; sicher werden sie Ihnen den Gefallen tun«, beschwichtigt ihn der Beamte. Der Spielzeugmann verspricht dem Rat der »Hohen Kommission« zu folgen und humpelt mit tausend Danksagungen davon.

Das Stimmengewirr im »Wartezimmer« ist zu einem Geschrei und schrecklichen Getöse angeschwollen.

»Gehen Sie mal nachsehen, was los ist, und drohen Sie ihnen mit Essenentzug und mit dem ›Dreier‹!«

Der Beamte geht hin, der Lärm legt sich etwas. »Haben sich doch dort zwei getroffen«, erstattet der zurückgekehrte Polizist Bericht, »jede hat behauptet, die andere habe ihr den Rock gestohlen. Ich mußte sie mit Gewalt auseinanderreißen, sie hatten einander bei den Haaren.«

»Na, fangen wir an!«

Das Korn ist aufgeschüttet, die amtliche Mühle setzt sich in Gang, und im Handumdrehen ist's lebendig im Raum, und ein Lärm herrscht wie in einer Mühle. Die Beamten nehmen eine Akte nach der anderen vom Stapel und rufen die Namen in den Wartesaal.

Hier säuselt ein schamhaftes Geflüster, dort hört man Gejammer und Beteuerungen, anderswo knirscht Frechheit auf, von einem strengen Anschnauzer gedämpft; man verhandelt über größere Vergehen, kleine und ganz kleine. Und zwischen den einzelnen Gruppen gehen die Zivilagenten herum und machen ihre Gesichtsstudien.

Ein Dörfler, erst vor einiger Zeit aus der Strafanstalt entlassen, wo er eines Diebstahls wegen saß – und der mit der strikten Weisung, nicht mehr in die Stadt zurückzukommen, in seine Heimatgemeinde abgeschoben worden war –, ist gestern auf dem hiesigen Markt ertappt und festgenommen worden.

»Es ist Ihnen untersagt, Prag zu betreten.«

»Der Schwager ist mit Äpfeln hergefahren, und der Arme kennt sich hier nicht aus. Die Leute sind schlecht, er hätte bestohlen werden können. Und so hab ich mich seiner angenommen. Draußen warten Schwester und Schwager auf mich.«

Die Landleute, die vor der Tür stehen, werden hereingerufen. Sie klagen über die schlechten Zeiten, ihre Unkenntnis der Stadt, bitten, daß der Schwager mit ihnen kommen dürfe, sonst seien sie verloren. Sie müssen einigemal zur Ordnung gerufen werden, so laut führen sie sich auf. Endlich wird ihnen versprochen, daß der Schwager mitkommt; den Schwager begleitet aber ein Zivilpolizist, nichts kann ihn von einem neuerlichen Schub retten.

Vor dem zweiten Beamten steht ein Mann mit kupferrotem Gesicht.

»Sie waren gestern wieder besoffen!«

»Stimmt, aber nicht sehr, ich hab nur einen Tropfen Bier getrunken.«

»Nicht sehr! Sie haben ja bewußtlos auf der Straße gelegen.«

»Nur ein Weilchen. Ich wollte einen Zigarrenstummel aufheben, und dabei ist mir 'n bißchen schwindlig geworden.«

»Wo waren Sie vorher?«

»Ich glaube im Wirtshaus ›U Šálků‹ oder ›U Bachorů‹, kann mich aber nicht mehr genau erinnern, aber mir scheint, als hätt ich irgendwo mit den Kameraden Karten gewichst – oder hat mir das nur geträumt?«

»Und gerauft haben Sie sich auch, Ihre Stirn ist ja zerschunden.«

»Bitte, das ist schon von vorgestern.«

Ein robustes, etwa zwanzigjähriges Mädel mit gemeinem und finsterem Gesicht bleibt verstockt.

»Gestern sind Sie wieder nach Prag zurückgekommen, obwohl es Ihnen verboten ist, und heute gehen Sie wieder auf den Talon. Warum benehmen Sie sich nicht eine Zeitlang anständig und bleiben zu Haus, vielleicht würde Ihnen dann Prag wieder erlaubt werden. Warum gehen Sie nicht zu Hause in Dienst?«

»Wer würd mich denn in Dienst nehmen, wo ich doch nicht mal ein Hemd hab!«

Sie beginnt ihr Kleid aufzuknöpfen, um zu zeigen, daß es wahr ist. Die Beweisführung wird ihr höflich untersagt.

»Wo haben Sie das schöne Hemd hingetan, das wir Ihnen gegeben haben?«

»Ich hab's der Barča geborgt, und die hat's verkauft.«

»Lügen Sie nicht?«

»Nee, warum sollte ich einer Freundin nicht einen Gefallen tun.«

Ein Droschkenkutscher, zur Anzeige gebracht, weil er am Abend ohne brennende Laterne gefahren ist, erscheint mit breiten, polternden Schritten.

»Sie sind schon das viertemal deswegen da; warum gehorchen Sie nicht, macht ihnen das Sitzen solchen Spaß?«

Der Fiakermann schlägt den Mantel auseinander, legt theatralisch die Hand aufs Herz und erklärt pathetisch:

»Wenn ich's diesmal war, so soll ich, Kreuzhimmel...«

»Hier wird nicht geflucht, Ruhe! Wer sollte es gewesen sein, wenn nicht Sie?«

»Vielleicht ein Zweispänner mit der gleichen Nummer.«

»Glauben Sie, ein Polizist kann ein Zweigespann nicht von *einem* Pferd unterscheiden?«

»Wie hätt er's denn unterscheiden können, wenn der Wagen ohne Licht gefahren ist!«

Über den Schreibtisch des Beamten beugt sich flüsternd ein sauber frisierter und stark nach Pomade riechender Jüngling. Seine ziemlich schäbige Kleidung steht zu dem weltmännischen Aussehen des hübschen, klugen Kopfs im Widerspruch. Er gibt Auskunft über gestohlene Sachen, nach denen der Beamte fahndet; der junge Mann erklärt aber, daß er mit dem Diebstahl nichts zu tun habe. Der Jüngling hat eine gute Erziehung genossen, in seiner bereits reichhaltigen Akte wird er als »Notenabschreiber« bezeichnet, der Polizei ist er als gefährlicher »Taschendieb« und dem Gericht als rückfälliger »Dieb« bekannt; das Gericht nennt die Sache immer beim richtigen Namen. Im Augenblick wird er auch eines Diebstahls beschuldigt, und als er sich betreffs der übrigen Vergehen herausgeredet hatte, kam seine eigene Angelegenheit zur Sprache.

»Ein Mensch wie Sie, aus dem noch etwas werden könnte – denken Sie denn nie daran?« Der Jüngling fährt sich mit der Hand durch das dicht gekräuselte Haar und lächelt: »Wozu denn?«

»Sie werden wieder dem Gericht überantwortet.«

»Oh, beim Gericht werd ich mich schon herausreden!«

Ein hoher, etwas gebeugter Greis, ein herrliches bärtiges Antlitz, der Kopf ein dankbares Objekt für einen Maler. An den Händen alte Glacéhandschuhe, aus denen fast alle Finger herausgucken, der schäbige Mantel zeugt von fleißigem Bürsten, die geplatzten Schuhe auf Hochglanz gewichst.

»Schon wieder wegen Bettelei! Ihre Verwandten werden sich freuen.«

»Oh, bitte, ich habe nicht gebettelt!«

»Na?«

»Ich hab nur um Unterstützung gebeten.«

»Das ist alles eins.«

»Nein, mir ist ein Unglück passiert. Vorgestern war ich beim Grafen X. zu Mittag, vorgestern war's, sehr gute Küche am Freitag, aber er war nicht zu Hause; ich hab ein paar Sechser gebraucht, hab mich an einen guten Bekannten gewandt, er ist Ökonomierat, aber da kam ein Schutzmann – bis ich mich vorm Herrn Rat geschämt hab, der mich ...«

»Das war kein Rat, das war ein Kaufmann.«

»Ein Kaufmann? Aber so eine Ähnlichkeit!«

»Sie schnappen die Leute auf der Straße, fangen mit jedem ein Gespräch an und tun so, als würden Sie ihn kennen.«

»Oh, ich kenn viele Leute, ich ...«

Ein anderer Bettler, jung, edle Gesichtszüge, schrecklich schmutzige Kleider. Wir erinnern uns, daß er sich uns schon einige Male als »Diurnist außer Dienst« vorgestellt und immer ein paar Sechser erbettelt hat. Im Verhaftungsbericht steht »Trunkenheit« und »auf der Straße gelegen«. Er ist bald abgefertigt und macht beim Verhör ein Gesicht, als schäme er sich.

Ihm folgt, zum selben Beamten, ein Drahtbinder. Der Bericht spricht im gleichen Sinn. Der Rastelbinder lächelt: »... das erstemal«, sagt er fröhlich, »ich weiß nicht, wie's gekommen ist. Ich hab 'n bißchen Wacholderschnaps getrunken, und als ich herausging, war's glitschig.«

In dem Augenblick kommt ein kleiner, ganz kleiner Drahtbinderjunge. Er hat gebettelt.

»Was, mir, deinem Bruder so eine Schande zu machen!« ruft der ältere und stürzt sich auf den Jungen, um ihn bei den Haaren zu zausen.

Das Bürschchen entwischt, der ältere wirft Mantel und Schlapphut ab, im Zimmer beginnt eine wilde Jagd. Ein Polizist kriegt den älteren zu fassen. »Benehmen Sie sich anständig«, sagt der Beamte ärgerlich, »schreiben Sie sich das hinter die Ohren!«

Und wieder ein anderer Säufer, ein unverbesserlicher Trunkenbold.

»Was haben Sie gestern getrieben?«

»Ich bin mit ›Kalieschen‹ gegangen.«

»Was ist das?«

»Ich hab die ›Kalieschen‹ unten im Bündel« – das Bündel wird gebracht, aufgeknotet, ein Maskeradenanzug kommt zum Vorschein. – »Die Leute haben gern Spaß und zahlen dafür.«

Noch ein anderer Betrunkener. Ein riesiger Mann; gestern hat er den Kellner verprügelt, hier ist er aber sehr niedergeschlagen. Er ist das erstemal da, der arme Kerl ist sehr deprimiert und hat die Augen voller Tränen. Nun wird seine Frau ins Zimmer gerufen, die gekommen ist, um ihn abzuholen. Sie weint und hält ihm eine Moralpredigt, er schluchzt und schweigt – endlich wird er freigelassen, im Fortgehen umarmt er sein Weib schon in der Tür.

Ein kleiner gebückter Junge, von Kohle geschwärzt, dreht furchtsam die Mütze in der Hand. »Gnädiger Herr, geh ich wieder auf Schub?« fragt er mit bebender Stimme, und sein tränenfeuchter Blick ist ängstlich auf den Beamten gerichtet.

»Da nützt nichts, du hast wieder keinen Ausweis. Warum beschaffst du dir nicht was Amtliches, wenn du Kohle nach Prag fährst?«

»Mit einemmal schicken sie mich, und wenn ich um etwas bitten tu, lachen sie mich noch aus.«

»Warum suchst du dir nicht zu Hause Arbeit?«

»Ich könnte höchstens als Hirtenjunge gehen, aber jetzt im Winter ...« – in seiner Not hat er vergessen, daß er in einem Amtszimmer ist und hat die Mütze aufgesetzt. »Mütze ab, Junge, was macht dein Vater?«

»Vater vertrinkt alles.«

»Wie alt bist du?«

»Weiß nicht.«

»Na, hast doch wohl mal vom Vater gehört, wie alt du bist?«

»Vater sagt dreizehn und die Jungs achtzehn, so kann ich's nicht sagen.«

Eine Mutter mit zwei halbwüchsigen Töchtern. Die ältere, die sich fröhlich umschaut, sieht wie vierzehn aus, ist aber zwei Jahre älter, die jüngere zählt etwa zehn Lenze. Um Mitternacht sind sie in einer verdächtigen Kneipe geschnappt worden, es ist nicht das erstemal.

»Ich bin Scheuerfrau«, entschuldigt sich die Mutter, »wir haben mit dem Aufräumen gewartet, bis die Gäste weggehen.«

»Sie sollen Ihre Töchter nicht in eine solche Umgebung bringen!«

Eine junge Bäuerin. Ihre Hand zittert. Die Augen schauen flehend, unschuldig. Sie wurde gestern nach Prag geschickt, mußte über Nacht bleiben, die Wache kontrollierte die Herberge und nahm die Ausweislose mit. Das Mädchen weiß nicht, woher es ist oder wohin es gehört. Vor Angst nennt sie ihren Paten und ihre Patin, erzählt soviel wie möglich und mit offensichtlicher Bereitwilligkeit, sie würde noch mehr erzählen ... na, sie kommt mit dem Schrecken davon.

Ein elegantes Männchen, im Kaffeehaus beim Stehlen von Überziehern ertappt, fünf Jungen, »ungewaschene Engelsknaben«, geschnappt, wie sie gemeinsam vor Krämerläden Aale und Sardellen aus den Kisten fischten, dann ein Mann, sieht aus wie ein Tagelöhner, den der Schutzmann vor ein paar Tagen dem Gericht übergeben hatte und nun auf einmal wieder auf der Straße erblickte.

»Der Herr Rat hat gesagt, die Untersuchung gegen mich würde auf freiem Fuß geführt werden«, sagt der Frischverhaftete.

Im selben Augenblick geht die Tür des Wartesaals wieder auf, das sechzehnjährige Mädchen, die Tochter der Scheuerfrau, huscht ins Zimmer. Sie hat sich irgendwie verändert, jetzt kommt sie barfuß und bloß im Unterrock, vorher hatte sie Schuhe an und war ganz anständig gekleidet. Sie geht zu dem Beamten, der sie vorher verhört hat, und bittet um Kleider und Schuhe für den Winter. Im Wartezimmer hatten ihr die anderen, welche die hiesigen Verhältnisse schon kannten, gesagt, man werde sie per Schub heimbefördern, und sie hatten ihr verraten, wie sie hier noch etwas herausschlagen könnte.

In fünf Minuten hatten die dort draußen ihrem ganzen künftigen Leben die Richtung gewiesen.

IV
Sonntagsruhe im Stadtgefängnis

Ein Sonntagnachmittag, draußen in der Bartholomäusgasse herrscht Ruhe, und auch hier drinnen, auf dem Hof des Polizeigebäudes, herrscht feiertägliche Stille. Der Wachtposten am Eingang gähnt lange und kauert sich zusammen. Nur hin und wieder dröhnt der Schritt eines Insassen über den Hof, bequem, fast faul, oder eine der Hennen, die hier fleißig an den Mauern und zwischen den Steinen herumpicken, gackert wie im Halbschlaf. Diese Hühnergemeinde ist der Hauptkonsument verschiedener menschlicher Parasiten, von ihren unfreiwilligen Besitzern werden sie »Käferchen« genannt.

Ein Schlüssel dreht sich im Schloß, der Riegel fällt, und die Tür des »Dreiers«, des Männergefängnisses der Stadtpolizei, geht auf. Eine dichte gelbe Wolke von Qualm und Gestank quillt heraus und verschlägt uns den Atem. Im Inneren ist es stockduster, wir blicken hinein wie ins finsterste Kellerverlies. Wir überwinden unseren Ekel, atmen nur stockend und mit halb angehaltenem Atem, aber treten doch ein. Wir haben zwei Schritte vorwärts gemacht. »Bitte, gehen Sie nicht weiter, sonst stoßen Sie an der Pritsche an!« ertönt es hinter uns, und wir bleiben stehen.

Wir sehen uns um, bemüht, die künstliche Dämmerung zu durchdringen. Das Fenster ist fast ganz mit Brettern vernagelt, nur ein ganz schmaler Lichtstreifen dringt durch die Verschalung, sein Strahl bildet eine viereckige dünne Fläche, die sich im Hintergrund verliert, darüber und darunter Finsternis, die Kraft des Lichts reicht nicht aus, um mit der Dunkelheit einen wenn auch nur wenig aussichtsreichen Kampf zu führen.

Es dauert eine Weile, eh sich das Auge an die Finsternis gewöhnt hat und die Nähe der Gegenstände wenigstens zu ahnen beginnt. Zuerst tritt ein glänzender Punkt aus dem Dunkel, neben ihm gleich ein zweiter, die Punkte sind menschliche Augen. Wir richten uns nach ihnen und erkennen, halb ahnen wir sie nur, die Umrisse eines Kopfes – die Konturen des übrigen Körpers kann man aber nicht mehr unterscheiden. Und einen Schritt weiter wieder Punkte, die einen höher, die anderen niedriger, wir erkennen, daß wir hier in diesem Hungerpfuhl von einem Haufen Menschen umgeben sind, die uns beobachten.

Von der Tür ertönt das Kommando: »Alles raus!« Wir sind für den Befehl dankbar, der uns einen bequemeren Anblick der hiesigen Bewohner verschaffen soll. Schon scheint uns, als käme durch den verhaltenen Atem unser Blut ins Stocken, als werde uns schwarz vor den Augen, als brausten uns die Ohren. Hinter uns ergießt sich humpelnd ein Haufen zerlumpter, halbnackter, bleicher und verkrüppelter Häftlinge, eine nur geringfügige Variation, eine »Neu«ausgabe jener Falstaffschar, die wir beim Verhör in der »Pforte« kennengelernt hatten. Einer der Kerle ist doch etwas besser gekleidet. Sein Anzug ist heil. Mit schmieriger Unterwürfigkeit tritt er an den Beamten heran, der uns begleitet, und bittet: »Ich halte es hier nicht mehr aus, geruhen der gnädige Herr mich anderswo hinzutun.«

»Es ist nicht das erstemal, daß Sie so unverschämt grob zu einem Schutzmann waren. Ihre Strafe müssen Sie abbüßen.«

Eine kleine, hinkende Gestalt drückt sich um die Mauer herum in den Hintergrund des Ganges. – »Wohin denn, wohin?«

»Bitte untertänigst, man hat mir die Jacke zum Ausbrennen in den Ofen getan. Ich hab zwei Kreuzer drin.«

»Ihre zwei Kreuzer wird Ihnen niemand nehmen.«

»Aber ich habe auch 'ne Brotrinde drin.«

»Die können Sie ruhig auch da lassen, Ihr Brot haben Sie heut schon bekommen. Und jetzt wieder alle zurück!«

Die zitternden Leiber drängen sich zwischen die Türpfosten, klirrend fliegt die Tür ins Schloß, der Schlüssel rasselt, und die Gefangenen vom »Dreier« sind wieder der Dunkelheit und Einsamkeit überlassen.

Wunderliche Gedanken gehen uns durch den Kopf. Muß es denn unbedingt sein, daß Menschen, wenn auch unrein, so doch meist zugleich mehr oder weniger krank, und auch durch eigene Liederlichkeit oder Not entkräftet, in solche Hundezwinger gesteckt werden? Mag sein, daß es eine wirksame Strafe ist, jemand in ein dunkles Verlies zu werfen; gut, mag das Gemach finster sein, aber um Gottes willen wenigstens eines, in das zumindest eine Handvoll gesunder Luft wehen kann, das Recht auf Luft kann doch keinem genommen werden! Mag sein auch, daß die überwiegende Mehrzahl der Leute, die den »Dreier« füllen, auch wenn sie nicht im Gefängnis leben, an die schlimmste Unsauberkeit gewöhnt sind, an Mangel an Luft und Licht – soll aber gerade das Gefängnis das Bild der elendsten Höhlen sein?

Inzwischen hat sich die Tür des »Vierers« gegenüber geöffnet. Er ist gerade nur kärglich bewohnt, auf jeder Pritsche liegt ein Weib, zusammengekauert, sorgfältig in seine Kleider gewickelt. Die Bündel regen sich und erheben sich auf der Bettstelle. Die eine, älter, grüßt mit einem idiotischen Lächeln, das nicht von ihrem Gesicht verschwindet.

»Kaum lassen wir sie frei, finden die Schutzleute sie besoffen auf der Straße liegen; hier kommt sie wenigstens für ein paar Minuten zu sich«, wird uns mitgeteilt, und die Alte nickt zustimmend mit dem Kopf und lächelt.

»Na, was ist denn mit Ihnen los? Müssen Sie sich jedesmal in der Zelle raufen?«

»Ich rauf mich nicht, ich tu keinem was«, erwidert weinend eine junge Frau mit angenehmen Gesichtszügen und streicht sich das Kleid glatt. »Sie fallen immer über mich her wie die Wespen.«

»Aber immer sind alle Zeugen gegen Sie und sagen, Sie raufen sich!«

»Wenn sie mich dreschen, muß ich mich wehren! Mein Schädel ist geschwollen, so haben sie mich an den Haaren gezogen«, und sie befühlt ihren Kopf.

»Sie nehmen Ihre Siebensachen und gehen wieder hinauf.«

Trödelnd macht sich das Frauenzimmer auf die Socken. »Aber bitte, gnädiger Herr, nicht mehr zu denen, sie würden mich wieder schlagen!«

»Schon gut.« Und die Tür geht zu, und die vom Suff verblödete Alte bleibt allein zurück. Ihr ist wohl alles schon gleichgültig.

»Gehen Sie nach oben voraus und warten Sie auf dem Gang«, wird dem Mädel befohlen. Sie schlendert über den Hof zur Wendeltreppe in der gegenüberliegenden Ecke, an deren Fuß wir eine eisenbeschlagene Tür sehn, die zu den Männerzellen führt. Wir nähern uns einer davon. Trotz der starken Mauern dringen laute Gespräche und Lachen auf den Gang. Als der Schlüssel im Schloß klirrt, verstummt drinnen der Radau. Wir treten in einen geräumigen, hochgewölbten dunklen Raum. Der Boden ist glitschig, kotig, die düsteren Wände sehen noch schwärzer aus als der Fußboden. Wie in einem Stall schaut's hier aus, und die Luft ist dementsprechend. Hier hülfe es freilich wenig, die Wände des öfteren zu weißen, die üblichen Bewohner dieser Räume, mancher davon verbringt hier neun von den zwölf Monaten des Jahres, würden das beleidigende Weiß höchstwahrscheinlich nicht dulden und innerhalb eines Tages für solch eine Verdunklung sorgen, in der sie sich einzig und allein wohl fühlen. Der Saal ist voll von Sträflingen; vor den Feiertagen hat die vorsichtige Polizei alle ihr bekannten Diebe aufgegriffen, um zu verhindern, daß sie auf den vollen Märkten auf ihre Art den Geldumlauf beschleunigen. Hier stehen sie in einer Gruppe beisammen, dort erheben sie sich von den langen Pritschen, die sich an drei Wänden entlang hinziehen, alle haben ihr Oberkleid ausgezogen und sind nur so in »Negligé«. Ein Schläfer ist nicht aufgewacht, doch sein Kamerad macht ihn durch einen ordentlichen Tritt freundschaftlich darauf aufmerksam, daß Besuch da ist.

Mit frecher Neugierde sehen sie uns an, eine wilde gefährliche Freundlichkeit glimmt in ihren Augen, und auf ihren Gesichtern, wovon uns viele von den Prager Straßen her bekannt erscheinen, spielt ein verschmitztes Lächeln, das davon zeugt, daß sie sich eben gut unterhalten hatten. Hier herrscht nie Langeweile, hier neckt man sich in einem fort, unterhält sich und erzählt Geschichten. Hier wird Jux gemacht, werden Erfahrungen ausgetauscht, Lügen und erdachte Begebenheiten. Jeder bemüht sich, mit etwas aufzuwarten und durch seine Erzählung allgemeines Gelächter hervorzurufen. Welcherart diese Reden waren, kann sich jeder denken, wilder, allzu wilder Humor. Doch irre man sich nicht! Wie an solchen Orten keine Träne vergossen wird, ohne daß darin bittere Wut enthalten wäre, so ertönt hier auch kein Lachen, ohne daß bewußte oder unbewußte Verzweiflung mitschwänge. Das Verlies des Humors, in dem sie sich in wilder Jagd amüsieren und in dessen prismatischen »Säulenreihen« die Phantasie sich mit wilden Sprüngen bricht – das Bild ist sehr schlecht entworfen –, ein mächtigerer Stoß, und der Mörtel fällt ab, die Mauern stürzen, und die Hoffnungslosigkeit des Lebens oder die Verzweiflung über die eigene Verkommenheit grinst einen an!

Überlassen wir sie ihrem Zeitvertreib und werfen wir einen Blick in das Frauengefängnis. Vor dem Visitationszimmer des Hausarztes stehen Bänke an der Wand, der Häftlinge wegen aufgestellt, die hier täglich auf die Untersuchung warten müssen. Auf eine von ihnen hat sich das Mädel niedergesetzt, welches vor einigen Minuten vom »Vierer« entlassen wurde. Kaum hat es die beiden Aufseher erblickt, schlägt es die Hände vors Gesicht und fängt wieder zu weinen an.

»Kommen Sie wieder in die ›Sechzehn‹, aber daß mir jetzt Ruhe ist!«

»Ich geh nicht, sie werden mich wieder schlagen!«

»Werden's schon bleibenlassen, fangen nur Sie nicht an!«

Der Riegel fällt, wir betreten den Raum.

»Machen Sie doch schnell zu, es zieht ja kalt rein!« krächzt die Stimme eines alten Weibes aus der Ecke. Der Beamte führt das flennende Mädchen herein und hält allen eine Standpauke, die mit Ermahnungen und Hinweisen auf mögliche »Fasttage« gespickt ist. Inzwischen können wir die anwesenden Mädel betrachten. Auf zwei langen Pritschen liegen etwa dreißig, meist junge Frauen herum; manche sind noch richtige Kinder. Sie sind alle nur halb bekleidet, eine Art Hauskleidung, die bei Weibern allerdings immer noch mehr halb ist. Keine ist aufgestanden, um uns etwa zu »begrüßen«, einige blieben ruhig liegen, andere sitzen in sich zusammengesunken da; schamhaft verdecken zwei oder drei ihr Gesicht, andere wieder, sich des Feuers ihrer Augen bewußt, lächeln so kokett wie möglich – die weibliche Koketterie kennt weder Zeit noch Ort.

Am Ofen, er wird vom Gang geheizt, wärmen sich drei stattliche Gestalten, denen die andern, höchstwahrscheinlich schwächeren hatten weichen müssen. Am Boden kauern zwei alte Zigeunerinnen, auf den Pritschen haben die andern sie neben sich nicht geduldet.

»Ein paar Decken, gnädiger Herr, es ist ja so schrecklich kalt, es geht einem ja durch Mark und Bein«, bettelt die eine.

»Soviel ich weiß, hat man euch doch nachts hinterm Haustor im Flur auf der nackten Erde gefunden, da habt ihr keine Decken gebraucht?« antwortet ihnen der Beamte. Die beiden Zigeunerinnen sind beim Herumschnüffeln in einem Hause ertappt worden. »Schweigt, ich schicke euch welche.«

Ganz am Rand der Pritsche sitzt eine alte Frau und hält einen Rosenkranz in den verhutzelten Händen. Ihr Haar ist schneeweiß, das Antlitz voll Güte, furchtsam schauen ihre blauen Augen die Ankömmlinge an.

»Warum ist die Alte da?«

»Sie war krank. Sie lag im Allgemeinen Krankenhaus, und um herauszubekommen, wer für sie zahlen soll, wurde sie hergebracht; wir müssen ihre Heimatzuständigkeit ermitteln.«

»Und da muß sie ins Gefängnis?«

»Was sollen wir denn mit ihr machen, wenn man sie uns herschickt?«

»Tja – aber bitte, meine Herren, gehen wir schon!«

Eine unschuldige Alte, nur weil sie krank war, ins Gefängnis werfen! Na ja – wohin auch mit der Armut! Ein humanitäres staatliches Institut, das Allgemeine Krankenhaus, kann doch einer armen alten Frau nicht aufs Wort glauben ... Einen Reichen würde man zwecks »Ermittlung« in einen Fiaker setzen, die arme Rekonvaleszentin steckt man ins Gefängnis ...

Ein paar hastige Schritte, und wir sind an der Ecke der Ferdinandstraße angelangt. Ein Sonntagnachmittag, teure Equipagen rollen an uns vorüber, und vor uns lachende Damen, in rauschenden Seidenkleidern.

V
Auf der Fischpanka

In einer engen Gasse, am Fuße des Slawenhügels, steht ein zweistöckiges, weißes und sauberes Haus. Das Gäßchen ist still, das Haus noch stiller. Die Fenster blitzen vor Sauberkeit, sind aber geschlossen und von innen vergittert, an der Haustür hängt ein dicker rötlicher Klingelzug. Ein Stück Wegs vom Haus zieht sich eine hohe blinde Mauer hin, über die nur selten ein lauter Ton dringt. Früher herrschte hier das Getriebe einer Fabrik, in der Fischbein verarbeitet wurde, und daher heißt das Gebäude im Volksmund noch immer »Fischpanka«. Statt des Fabrikgetöses breitet sich hier aber schon längst Klosterstille aus, ja, wenn an der Mauer nicht die rote Aufschrift »Stadtgefängnis« prangte, könnte man wirklich meinen, man sei in einem Kloster. Aber man läute getrost ohne übertriebene Gefängnisgedanken, unser Stadtgefängnis erweist sich als ein rein humanitäres und wirklich humanes Institut.

Wir sehen eine kleine, in sich geschlossene Welt, die freilich durch die besondere Art ihrer Bewohner allzu eng mit dem äußeren Leben Prags verknüpft ist, mit seinen Schattenseiten, seiner Armut und Verkommenheit, seinem Unglück und Elend. Zweimal täglich öffnet sich die Pforte, um einen neuen Schub von der zentralen Polizeidirektion aufzunehmen und zugleich jene hinauszulassen, welche den Ort mit einem lachenden und einem weinenden Auge wieder verlassen. Und wie oft am Tage ihre Türangeln auch knarren mögen, immer geschieht's, um irgendeinen wohltätigen Besuch einzulassen, den Arzt, den Geistlichen, der hier als Lehrer tätig ist, den humanen Gemeindeaufseher, ein bescheidenes Mädchen, das sich um die Erziehung der hier befindlichen Findelkinder kümmert, eine gewisse reiche Adelige, die hierherkommt, um Almosenbedürftige aufzusuchen und um zu erkennen, wie glücklich sie selber ist.

Die Fischpanka ist eigentlich der Zufluchtsort des für Prag zuständigen Elends, aber wer kann die Not nach ihrer Zuständigkeit einteilen! Hierher kommt die zerschlissene Blöße, deren sich selbst die Prager Gassen schämen müssen, um barmherzig in Jacke und Wäsche, Rock und Schuhe gehüllt zu werden. Mancher geht dankbar von dannen, doch so mancher heute Entlassene ist übermorgen schon wieder da, hat das Gewand, das man ihm geschenkt, verkauft oder verspielt und ist wieder nackter als die Blöße selbst. Allem Zureden unzugänglich, lehnt er frech jede Ermahnung ab. »Ich brauch Ihre Predigt nicht, Klamotten müssen Sie mir geben, auch wenn ich sie hundertmal versilbert hätte«, hört man da und ist sprachlos. So bleibt nichts anderes übrig, als den Kerl »vorläufig hier zu beherbergen«, ehe über seine Aufnahme ins Arbeitshaus entschieden wird.

Hierher kommen Leute in vorläufigen Gewahrsam, ehe ihre Zuständigkeit festgestellt wird. Auch die Schüblinge kommen her, damit ihre Leiber in der hiesigen Badeanstalt gesäubert, ihre Kleider in den mit einer ordentlichen Ladung Kohle erhitzten Öfen gereinigt, sie selbst im hiesigen Krankenhaus kuriert und geheilt werden, wenn sie krank sind, und in der Küche gelabt, wenn sie vor Hunger geschwächt sind. Hier muß Aufenthalt nehmen, wer kein Geld hatte, um die Miete zu bezahlen, und von einem Hausherrn auf die Straße gesetzt und von den übrigen Hausherrn auf der Straße belassen wurde.

Manchmal ist diese Hilfe wohltätig, zuweilen jedoch verlorne Liebesmüh, aber in einer Großstadt doch nötig. So mancher wälzt sich ganz vergnügt auf den Pritschen des Gefängnisses herum, es fällt ihm gar nicht ein, sich um eine neue Wohnung für seine Familie zu kümmern; endlich hat man für ihn eine neue Unterkunft gefunden, ihm einen bedeutenden Beitrag zur Miete gegeben – in einem halben Jahr schläft er wieder unter freiem Himmel.

Da ist eine unglückliche, von der Arbeit erlahmte Mutter, man hat sie samt ihren Kindern aufgenommen, zahlreich und klein wie Kegel, damit der Schmerz der ausgemergelten Brust, das durchdringende Weinen der Kinder die Mutter nicht aufs Brückengeländer treibe. Der Mann ist vielleicht tot, vielleicht liegt er schon hoffnungslos lange im Krankenhaus, vielleicht büßt er in irgendeiner Zuchthauszelle ein Verbrechen ab, das er mag begangen haben, um Brot für Weib und Kinder zu bekommen, und seine Frau hilft hier bei leichter Hausarbeit, hat für sich und die Ihren inzwischen eine warme, helle und saubere Wohnung, Brot und Kochmaterial genug, ja auch Fleisch. Die kleinen Kinder brauchen freilich andere Nahrung. Etwas Grieß und anderes liefern mildtätige Leute; heute kommt eine Wohltäterin und bringt dem Jüngsten etwas Wäsche, die sie selbst genäht hat, morgen kommt eine zweite, um auch das Größere einzukleiden und es dann mit Erlaubnis der Verwalterin in eine Kinderbewahranstalt oder einen Kindergarten mitzunehmen, wo das Kind herumtollt, mit andern Kindern spielt und dabei spielend etwas hinzulernt. Von hier nehmen die Kinder keine bitteren Gefühle mit, sie wissen und erfahren nicht, daß sie im

Gefängnis sind. Lauscht nur an der Tür ihrer Stube, wie sie sich unter der Obhut der Mutter vergnügen, wie sie mit ihren Glockenstimmchen lachen. Besucht sie im hiesigen Kindergarten, da steht noch von Weihnachten her ein großer Tannenbaum mit viel Zuckerwerk behangen, für die Kinder, die gut antworten und brav sind, und im Lichtkreis des Weihnachtsbaumes ist jedes Kind artig. Nach einer gewissen Zeit zieht die Mutter von hier wieder weg, sie hat auf der Fischpanka glücklich die schlimmste Zeit überstanden, sie hat einen Wohltäter gefunden, der in Zukunft ihre Schritte lenkt, und nimmt das Bewußtsein mit, daß sie nicht verlassen war. Solch ein Bewußtsein flößt Zuversicht und Liebe ein. Oh, könnte doch unsre Gemeinde das gesamte Elend in ihre Hilfe einbeziehen!

Hierher kommen auch die verschiedenenorts auf der Straße aufgelesenen Kinder, damit man hier ihre Zugehörigkeit feststelle. Bei recht vielen gelingt es nicht, sie gehören dann nur noch dem »lieben Gott«. Die kleinen werden zu Privatleuten oder in Wohltätigkeitsanstalten in Pflege gegeben, für die größeren bemüht man sich irgendwo um eine Lehrstelle. Eins wie das andre hat seine großen Schwierigkeiten, »Fischpanka« klingt unsrem Volk nicht verlockend, das Vorurteil schlägt auch die armen Kinder nieder; so manche Mutter fürchtet für ihr Kind, wenn sie nur hört, daß neben ihm ein Zögling von der Fischpanka in der Schulbank sitzt, so mancher Meister hat auch wirklich mit einem Lehrling von dort schlechte Erfahrungen gemacht, denn die gereifte Verwahrlosung bemächtigt sich der verlassenen Jugend manchmal eher als was andres, und das Kind hat mitunter schon Unbeständigkeit, Faulheit, Unverläßlichkeit gelernt. Doch ist die Hilfe auch oft noch zur rechten Zeit gekommen und der Gesellschaft so manches nützliche Menschenleben gerettet worden.

Der humanen Tendenz der Anstalt, die von einem umsichtigen und fleißigen Manne geleitet wird, entspricht das ganze Gepräge des Instituts. Die nicht allzu ausgedehnten Räume des Gebäudes – es besteht aus einem zweistöckigen Fassadenhaus und zwei Seitenflügeln, die im rechten Winkel nach hinten verlaufen – sind ein Muster an Sauberkeit. Der gepflasterte Hof ist spiegelblank, Gänge und Treppen blitzen weiß . . .

Nur ein kleines Zimmer im Erdgeschoß bildet eine Ausnahme. Diese Stube wird im hiesigen Jargon »Stockhaus« genannt. Als wir dort eintraten, fanden wir eine Gesellschaft von einigen Herren vor, mit denen es anderswo oder überhaupt nicht auszuhalten war. Es sieht hier nicht besonders aus, aber was Sauberkeit, Luft und Licht betrifft, doch bedeutend besser als in den Zellen des Zentralen Polizeigebäudes. Mancher der Herren fastet, ein anderer hat zur Strafe »nur eine Decke« auf der harten Pritsche, nämlich seine eigene Haut – aber sie hatten sich vor unserer Ankunft ziemlich laut unterhalten und blicken uns jetzt verdrießlich an, sie sind mißmutig, daß wir sie gestört haben. Kaum haben wir die Tür hinter uns geschlossen, hören wir, wie eine Stimme sagt: »Los, erzähl doch weiter!«

Am Kirchamt

I

Es ist neun Uhr früh. Die Beamten haben einander schon erzählt, wer wie geschlafen hat, wer sich heute irgendwie sonderbar fühle und daß dies am Wetter liegen müsse, sie haben Bücher und Papiere geordnet, ein paarmal die Feder gehoben und ohne einzutunken wieder auf den Tisch gelegt und beginnen zu amtieren.

Ein Mann im Dreispitz tritt ein. Er sieht aus, als hätte man einen Herrenkutscher in schwarze Trauerkleider gesteckt. Es ist der Leichenbestatter.

»Guten Morgen, werte Herren.«

»Ist das nicht Herr Lalošek?« ertönt eine Stimme aus dem Nebenzimmer, und der Herr Verwalter kommt rasch heraus.

»Wie ein Veilchen – werter Herr!«

»Hat er sich die Dummheit auch schon angewöhnt? Er muß auf den Volšaner Friedhof in die Sankt-Crucius-Kapelle und dort die Pflöcke auf den Gräbern zählen, damit wir Bescheid wissen! Ist denn schon wieder kein Wasser da, damit ich meinen Fikus begieße?« Er verschwindet.

»Wie gehn die Geschäfte, Lalošek, gut?« frag einer der Beamten.

»'s tät noch tröpfeln, wenn's schon nicht regnet – aber die Kollegen, die haben eine Art. Schauen einem geradezu auf die Finger. Zanken sich um jeden Groschen Trinkgeld. Hab ihnen erst gestern wieder meine Meinung gesagt. Ist das denn eine Art?«

Es wird an die Tür geklopft. Mehrere Leute auf einmal treten ein. Nichts Besonderes an ihnen. Sie bestellen mit solcher Gleichgültigkeit Begräbnisse, daß man sieht, daß sie's nur gegen Bezahlung tun oder aus Gefälligkeit für Verwandte. Die Kanzlisten fertigen alle kurz ab, jeder ist nur eine Nummer für sie – wo nähmen sie auch Neugier her oder gar Mitgefühl!

»Soll die Beerdigung ... Nein? Also in die Kapelle!« – »Wagen und Grab? Einen Engelswagen, einen gedeckten oder einen lackierten?« – »Nein, zum gedeckten geben wir nicht bloß ein Paar, es müssen mindestens zwei sein, so!«

»Ein eigenes Grab also? Haben Sie schon jemand auf dem Friedhof? Wenn nicht, haben wir frische Gräber auf Lager.«

»Hier ist ein Zettel für den Totengräber, aber Sie müssen selbst hinausfahren.«

»Läuten? – Eine halbe Stunde, eine ganze?« tönt es an dem kleinen Pult gleich links.

Ein Mann in schäbigem Mantel erscheint. Den Kopf vor Unterwürfigkeit, die zur Gewohnheit geworden ist, ein wenig vorgeneigt, die grauen Augen verraten einen Vorrat an Schläue. Es ist der Küster der Pfarrkirche des heiligen ..., ich hab den Namen des Heiligen schon vergessen. Der knarrende Ton seiner Stimme lockt den Herrn Verwalter wieder aus seinem Bau.

»Bartoš, gut, daß Sie da sind! Ich war gestern dort, hab mir alles angesehn, wo ist denn der Teufel?«

»Der Teufel? – Gnädiger Herr, was denn für ein Teufel?«

»Was für ein Teufel, was für ein Teufel! Na, Sie wissen ganz gut, welchen ich meine! Na, der zu Füßen des Erzengels lag!«

»Bitte gehorsamst, der ist runtergefallen.«

»Runtergefallen – wo ist er denn hingefallen?«

»Wir haben ihn in die Porciunkule-Kapelle getan.«

»Dort ist er auch nicht, Sie müssen mir ihn zeigen!«

»Er ist allzu gebrechlich, gnädiger Herr!«

»Ich will ihn sehen, sage ich!«

Bartoš kratzt sich den Schädel und stottert: »Es war so schrecklich kalt – bitte – wir haben in der Sakristei damit eingeheizt.«

»So, eingeheizt!« sagt ärgerlich der Verwalter, »und Sie wissen nicht, daß es Ihre Pflicht war, ihn am Kirchamt abzugeben! Sie wissen nicht, daß alle Teufel aufs Kirchamt gehören!«

Eine arme Frau kommt herein, im Kopftuch, eine buntkarierte Schürze über dem blauen Rock und ein weißes Schnupftuch in der Hand. Sie hat rotgeweinte Augen.

»Was wünschen Sie?«

Die Frau bricht statt einer Antwort in lautes Schluchzen aus. In der Amtsstube ist es still. Die Beamten lassen sie sich ausweinen.

»Mein Mann ist gestorben«, fängt sie schließlich schluchzend an. »Gestern haben sie ihn mir im Tunnel umgebracht – er ist eingestürzt! – Wo er doch so schuften mußte! Er wurde noch lebend ins Spital gebracht, aber er konnte nicht mehr sprechen ... Er sah mich nur so an! ... Würd ihn gern gegraben, wie sich's gehört.«

»Aber Mutter – die Taxe ist hoch – gegen sieben Gulden!«

»Bitt Sie, gnädiger Herr – sei'n Sie so gut, lassen Sie mir was nach!«

»Kann ich nicht, Mutter, müßte selber draufzahlen! – Laßt den Seligen in der Kapelle aufbahren und mit der Morgenfuhre umsonst auf den Volšaner Friedhof bringen. Ihr habt doch wohl Waisen?«

Die Frau nickt, kann aber kein Wort hervorbringen.

»Na, seht Ihr, wenn Ihr den Seligen in den Schacht tut, bleibt den Kindern das Geld.«

»Nein, nein! Nicht in den Schacht! Das hat er von mir nicht verdient! Das Begräbnis ist doch das letzte, was ich ihm geben kann!«

Sie greift in den Sack und holt ein zusammengewickeltes Papier hervor. Sechserlein um Sechserlein legt sie aufs Pult, vielleicht hat sie jahrelang gespart. Es dauert lange, bis sie fertig ist mit dem Zählen. Immer wieder streicht ihre Hand über jede Münze.

Nur eine ist ihr geblieben.

II

»Das ist ein statistisches Faktum«, meint der Kassierer, nachdem die Frau gegangen war, »daß nur die Armen Herz haben.«

Die übrigen lachen.

»Na ja!« ereifert sich der Kassierer und philosophiert weiter: »Not und Elend binden enger als Komfort, nicht wahr? Freilich eine zänkische Liebe ist's zwischen einem armen Tropf und seinem Weib, da mag auch der Teufel den besten Humor verlieren, wenn der Magen immerfort leer ist; aber wenn die Federbetten verpfändet sind, die Wände vor Feuchtigkeit triefen, wenn kein Heizmaterial da ist, da fühlt dann einer mit dem andern die eisige Kälte und schmiegen sich aneinander.«

»Untertänigsten Handkuß«, krächzt eine Stimme, so unsympathisch und durchdringend wie die eines verendenden Kamels. Der Küster vom heiligen ... ich weiß schon wieder nicht von welchem! Ein Männchen auf allerlei Art gekrümmt und glatzköpfig dazu.

»Was wünschen Sie?« fragt der Verwalter in der andern Tür.

»Küsse alleruntertänigst die Hand! Wir haben schon seit einiger Zeit ein Altardeckchen zum Ausbessern da, jetzt brauchen wir's dringend.«

»Meinen Sie, ich hätte Zeit, nur an ihre Deckchen zu denken? Lassen Sie das auf ein andermal – der Mensch hat alle Hände voll Arbeit, ich weiß nicht, wo mir der Kopf steht!«

Der Verwalter verschwindet, der Alleruntertänigste streicht sich das Haar.

»Unsre gnä'gen Herrn lassen auch bitten ...«

»Worum?«

»Nun ja, sie hätten's schon einmal auseinandergesetzt. Oft passiert uns, daß zur gleichen Stunde zwei große Begräbnisse zu uns kommen, und wir können dann keinen großen Kondukt geben, das ist schade!«

»Da kann man halt nichts machen.«

»Wenn man so die Armenbegräbnisse auf den Vormittag verlegen könnte?«

»Ja, weil der Arme vormittags am wenigsten Zeit hat! Und weshalb sollen die armen Leute auch hier zurückgesetzt werden, meinen Sie, die fühlen das nicht?«

»Na ja ...«

»Kein Na ja! Alles muß seine Ordnung und sein Recht haben! In Ihrem Sprengel wachsen neue Häuser aus dem Boden wie Pilze, es gibt genug Taufen, Hochzeiten, Begräbnisse!«

»So wird einem das Leben schwergemacht!« seufzt der Alleruntertänigste. Der »Arme« hat recht. Während der Studienzeit hat er an die drei Jahre mit Ministrieren die Schule geschwänzt, dann war auch das Handwerk nicht nach seinem Geschmack. Auch als halbwüchsiger Bengel assistierte er in der Kirche, dann war er Glöckner, wurde Küster, alles, was er kann, ist dumm die Responsorien hersagen, Kerzen anzünden, und allein dafür bekommt er an die Dreitausend Rente jährlich.

Er stößt in der Tür samt seiner Trauer mit einer aufrechten, pausbäckigen Gestalt zusammen. Rundliches Gesicht, leuchtende Augen, Doppelkinn, fette Formen, anständige Kleidung. Der Neuankömmling tritt ans Gatter.

»Fünfunddreißig Kreuzer pro Tag, das sind zwei Gulden fünfundvierzig«, rechnet der Beamte und fügt im Schmerz hinzu: »Wie kann ein armer Totengräber von so einer Bagatelle noch ein paar Gehilfen zahlen, jedem sieben Gulden die Woche!«

»Schwere Zeiten«, sagt lächelnd der Totengräber und steckt das Geld gleichgültig in die Tasche.

»Wenn man die Gräber nicht begießen und verkleiden müßte, aber Sie sind brav, ich hab gehört, Sie hätten für die Besorgung der Gräber unsrer Ehrenmänner noch nie einen einzigen Kreuzer genommen!«

»Na, das wäre ja noch schöner, wenn ich was nähme. Da müßte ich mich doch schämen!«

»Ach – guten Morgen, meine Herren!« Ein elegantes Bürschchen, grad so volljährig. Die Halsbinde letztes Prager Modell, das Hemd weiß wie Schnee, die Knöpfe funkeln wie Brillanten, die Handschuhe nagelneu aus dem Laden, das Binokel Perlmutter und Gold. Es wird deutsch mit ihm verhandelt.

»Traurige Pflicht! Mein Vater ist gestorben, der Großkaufmann X. Ich werd's lieber selber abmachen, werde mich wenigstens ein wenig aufheitern. So, welcher Herr bitte?«

»Hier, bitte!«

»So elegant wie möglich, natürlich! Kosten spielen keine Rolle.«

»Also den Engelswagen mit drei Paar ...«

»Gibt man immer nur drei?«

»Das dürfte wohl genügen. Läuten nur am letzten Tag?«

»Kann auch an den Tagen vor der Beisetzung geläutet werden?«

»Jeden Tag und soviel Stunden Sie wollen.«

»Also zwei – nein drei täglich!«

Schon hier rechnet man ihm an die fünfzig Gulden. Der junge Geck hält die Börse schon von Anfang an in der Hand und wirft jetzt die Zehner aufs Pult – dann wirft er den Kopf in den Nacken, wie einer fröhlichen Zukunft entgegen, verneigt sich leicht, und elegant wendet er sich zur Tür. Seine Lippen spitzen sich und zucken, als könnten sie nur mühsam das Pfeifen unterdrücken.

»Ein feines Früchtchen, was?« meint einer.

»Ach, den kenn ich«, bemerkt ein hübsches und schwatzhaftes Frauchen, das unterdessen die Amtsstube betreten hat. »Voriges Jahr hatte er in Vršovice ein Liebchen wohnen, gerade neben meiner Patin – Schiebkarren voll Blumen hat er ihr gebracht!«

»Was – Schubkarren voll?«

»Nu ja, bei meiner Seele, und was für Blumen!«

Das Frauchen legt in Bewegungen und Worten eine Ungezwungenheit an den Tag, wie sie für bestimmte Frauen typisch ist, die auf Grund ihres wohltätigen Berufs auch mit Leuten »sprechen«, mit denen sonst noch keiner von uns zu reden pflegt – sie ist Hebamme, kurzum.

»Ich hab hier einen Zettel auf einen Abortus, mein Herr«, fährt sie lebhaft fort, »wenn er morgen mit der Frühfuhre aus der Kapelle gebracht werden könnte. Hier ist die Anweisung! Wollen Sie sich ihn nicht ansehn? Ich hab ihn hier in der Schachtel«, und schon hat sie das Holzkistchen aufgemacht und präsentiert den Fötus.

»Und was haben Sie da in dem Glas?«

»Ach, das ist ein Spaß!« Und sie lacht glockenhell und schlägt die Hände über dem Kopf zusammen. »Da hab ich doch eine Frau bedient, die auch einen Abortus hatte, und die Leute haben's in Spiritus getan – gucken Sie mal, ein Junge! Und die Frau hat einen großen Sohn, er ist schon Jurist, aber etwas leicht. Vielleicht hat er Geld gebraucht fürs Billard, vorgestern brachte er mir den ›Bruder‹, ich soll ihn irgendeinem Arzt verkaufen. Hab ihm fuffzig Kreuzer dafür gegeben.«

»Also verkauft wie Joseph nach Ägypten!«

»Jaja, wie Joseph nach Ägypten!«, und sie lachte so, daß ihr die Tränen in die Augen schossen.

»Wo tragen Sie ihn jetzt hin?«

»Wieder zur Mutter zurück, sie hat um ihn geschickt. Hab am kleinen Joseph anderthalb Gulden verdient.«

Vier kleine Erinnerungen

I

Ich wurde am 9. Juli 1834 geboren

Was der Vater in diesem Augenblick sagte, weiß ich nicht, vielleicht hatte ihm die Freude die Sprache verschlagen. Muttchen, die gute Seele, half ihm wahrscheinlich dabei. Nur die Großmutter, Frau Kathrin Syřinková, soll, als sie mich ins lauwarme Wasser legte, gesagt haben: »Ein Zigeuner ist das!« Ich selbst hätte geschrien, aber wenn Sie mich in Stücke hauen, ich kann mich bis heute nicht erinnern, warum. Dies ganze, für mich schließlich und endlich ziemlich wichtige Ereignis fand in der Oujezder Kaserne, auf der Prager Kleinseite statt. Mein Vater war nämlich Kanonier. Fast dreißig Jahre lang. Dafür, daß er mitgeholfen hatte, Napoleon bei Leipzig zu schlagen und Frankreich bis nach Lyon zu erobern (was wirklich stimmt!), wurde er mit dem Amt eines Hauswarts oder Marketenders in der Kaserne betraut, was ihn, einen Ehrenmann, so vortrefflich nährte, daß mein geschäftiges Mütterchen in so manchem Haushalt als Aufwartefrau schaffen mußte, damit meine Eltern ihren kargen Lebensunterhalt bestreiten konnten.

Für meine körperliche Entwicklung war dabei allerdings zur Genüge gesorgt: Es gab keinen Kanonier, der mich nicht gewiegt hätte, und wenn ich schrie, steckten sie mich in eine hölzerne Gießkanne und trugen mich im Hofe herum. Noch heute läuft's mir bei dieser Vorstellung kalt über den Rücken.

Meine geistigen Fähigkeiten entwickelten sich ungewöhnlich rasch. Ich war noch nicht zwei Jahre alt, als ich bereits Berliner Pfannkuchen verspeiste. Einmal war die Mutter gerade wieder damit beschäftigt, diese rundlichen Leckerbissen zu backen, und trug sie zum Auskühlen in das kleine Nebenzimmer. Es gelang mir, irgendwie hineinzuwatscheln, ich stellte mich ans Kuchenbrett und aß – und aß! Als mich die Mutter dann endlich fand, rief ich ihr schon von weitem entgegen: »Mama, ich mag scho nich meeh!« Meine Mutter hat mir später diesen interessanten Vorfall unzählige Male erzählt und immer mit sichtlichem Mutterstolz. Und noch etwas erzählte sie. Jedesmal, wenn mich jemand fragte: »Wie alt bist du?«, hätte ich ungewöhnlich fix geantwortet: »Schieben, schieben, schieben!«

Einmal mußte die Mutter plötzlich weggehn. Damit ich mich allein nicht ängstige, ließ sie unsere Mastgans, die sich sonst draußen in einem Trog aufhielt, zu mir in die Küche. Das Gefühl des Verlassenseins lastete aber doch schwer auf mir. Ich trippelte zur Gans hin und nahm sie um den Hals. Die Gans schnatterte fürchterlich, und ich begann zu schreien und zu plärren.

Das Erlebnis mit der Gans ist zugleich das früheste, an das ich mich erinnern kann. Ich habe das ganze Geschehen so lebendig vor Augen, als wäre es gestern gewesen …

II
Unser Heim

Ich sehe unseren ehemaligen Haushalt vor mir, wenn Mutter in der Stadt Taglöhnerarbeit verrichten mußte, damit sie uns abends etwas zum Essen mitbringen konnte, und wie wir, ich und Vater, zu Hause wirtschafteten. Wir hatten einen kleinen niedrigen Ofen, an dem ich mich maß, um festzustellen, wieviel ich gewachsen war: Ich erinnere mich, wie stolz ich war, als ich den Vater gerade überholte. Es war ein alter Ofen, unförmig, ein Teil schwarz und der andere Teil kirschrot – »Hühnchen« nennen die Ofensetzer so ein Ding –, wahrscheinlich war er aus zwei alten Öfen zusammengebaut worden.

An der Wand stand ein kleiner gekachelter Herd mit einem Bratrohr aus Ton, das einen verschiebbaren Verschluß hatte; rechts unten war schon eine Ecke abgebrochen. Wie's in dem kleinen Herd knisterte, zischte, prasselte, krachte, sang und säuselte! Damals wurde überall nur mit Holz geheizt, das Feuer mit Reisig angefacht und knorrige Scheite nachgelegt. Ich konnte mich nicht satt sehen, nicht satt hören! – Und in dem tönernen Bratrohr pflegte mir der Vater Äpfel zu braten. Er befahl mir immer, auf sie achtzugeben. Auch war in dem Herd noch ein Topf eingelassen, ein kleiner tönerner Wasserkessel. »Siehst du«, pflegte mein Vater zu sagen, »Böhmen ist auch wie dieser Kessel: Berge ringsum, und drinnen werden Krebse gesotten.« Ich verstand nicht, was er meinte, und seine Worte gingen mir irgendwie gegen den Strich. Ich war zwar ein aufrichtiger Freund meines Vaters, wirklich ein aufrichtiger: aber seine Sprichwörter waren nicht nach meinem

Geschmack. Sie waren so merkwürdig! Besonders im Winter! »Jetzt werden die Leute den Schnee im Ofen trocknen«, sagte er.

Doch ich wußte, daß der Schnee nicht im Ofen getrocknet wird, also wozu das Gerede? »Wer hinterm Ofen sitzt, hat gut reden.« Warum denn? »Am Fenster ist's hell, am Ofen warm«; na, das ist doch selbstverständlich.

Ja, im Winter war ich mit meinem Vater nicht ganz zufrieden. Wenn draußen das Wetter gerade am schönsten war, wenn die Wolken grau und schwer über der Stadt hingen, wenn der Bauernschnee wirbelte, tanzte und stürmte, durfte ich nicht mal aus der Stube! Und auch zum Fluß hinunter durfte ich nicht, wann ich wollte – höchstens einmal in der Woche, und das immer nur in Begleitung eines älteren Menschen.

Gott, war der Dezember in unserem lieben Prag schön! Frühmorgens weckte mich Muttchen, und wir gingen dann gemeinsam zur Rorate. Vor dem Kirchgang bekam ich eine Tasse Kaffee und nach der Kirche gleich noch eine! Prag glich einem Dorf; unter den Rädern der schweren Fuhrwerke knirschte leise der Schnee, Goldammern hüpften hinter den Wagen her über die Straßen, und die Stieglitze kamen vom Laurenziberg heruntergeflogen bis in unseren kleinen Garten und pickten auf den silbernen Sträuchern herum! Wir aßen Reis mit Zucker und Zimt, Erbsen mit Speck und Leberwürste mit Sauerkraut, auch Blutwürste – die Leberwürste waren besonders gut, ganz anders als jene, die man heute in Prag bekommt, wo der Mensch für eine gute Leberwurst einen Zehner, für ein gutes Würstchen einen Dukaten geben würde.

Ach, was für Zeiten waren das – was für Zeiten!

III
Märchen

Zur Winterzeit pflegten wir jeden Nachmittag bei der benachbarten Tischlersfrau zu sitzen, die so schön erzählen konnte. Dunkelrot glühte die Kohle im Ofen, und das Zimmer wurde nur von einer Petroleumlampe erhellt, deren Docht wir mit einem Draht herausziehen mußten – aber wir taten es ungern, denn es wurde doch etwas heller im Zimmer und war nicht mehr so dämmrig, wie sich's für ein richtiges Märchen gehört.

Wie gespannt wir lauschten und alles glaubten! Und weil das Königreich einen König brauchte, wurde Georg König – nun, das versteht sich! Schließlich – ein Königreich! – beinahe in jedem Märchen gibt es ein Königreich zu gewinnen – da beneideten wir schon eher den kleinen Janeček ... Dann lebten Janeček und sein Großvater zufrieden und in Freuden. Janeček hütete die Ziegen, und der Großvater machte zu Hause Quargeln, und davon lebten sie. Ziegenkäse ist doch so eine appetitliche, duftende, durch und durch gute Sache!

Und wie wir kicherten, als Jan mit der Ziege in die weite Welt zog und jeder an ihr hängenblieb, der sich ihr näherte, schließlich bildeten sie schon eine lange Reihe: Männer, Frauen, Soldaten, Könige und Kneipenwirte ...

Und wie haben wir gezittert, als die Hexe zu Hänsel und Gretel sagte: »Heute abend werde ich euch schlachten und braten ...« – »Sie hatte so lange, runzlige Hände, wißt ihr – und daran solche Nägel, wie Harken! Und wenn sie einen mit ihren Augen ansah, dann leuchteten sie grün wie die Lichter einer Katze.« Oh, wie haben wir uns gefürchtet!

»Ihr könnt euch vorstellen, was für eine Angst Hänsel und Gretel auszustehen hatten! Und als dann der Abend dämmerte und die Hexe herangeschlichen kam –: ihre Augen funkelten, und sie streckte die rechte Hand aus . . .«

Klack! In diesem Augenblick flog die Tür auf – der dunkle Flur dahinter tat sich gähnend auf – und aus dem Dunkel . . .

Nun, aus dem Dunkel trat nur Frau Jedličková vom ersten Stock, um nachzusehen, was ihre kleine verrotzte Mářa macht! Aber uns ging der Schreck durch Mark und Bein, bis zu den Zehenspitzen hinunter. O Gott, o Gott, o könnte ich bei einem Märchen noch ein einziges Mal so erschrecken.

IV
Wenn's zu regnen anfing

Mein Gott, wie hab ich mich seinerzeit über so einen kleinen Regenguß gefreut! Ob er nun säuselnd oder klatschend war, sprühend oder schauernd, strähnig oder ein rechter Guß – als kleiner Junge freute ich mich jedesmal darüber! Schon deshalb, weil wir uns sofort die Taschentücher um die Mütze banden, obwohl die Mütze nichts wert war und das Tuch auch nicht, weil wir uns die Hosen bis über die Knöchel hochkrempelten und die Schuhe zu Hause nicht nur ausziehen durften, sondern sogar ausziehen und dann barfuß gehen mußten. Nun, um es rundheraus zu sagen, es kam auch vor, daß uns manchmal der Regen nicht sehr freute.

So zum Beispiel, wenn ich gerade spazierengehen wollte und es schien, als werde es gleich zu regnen beginnen. Da mußte ich die verschiedensten Vorwände erfinden, um von zu Hause wegzukommen, allerdings mangelte es mir nie an solchen Einfällen, ich war schon damals sehr gewitzt! Einmal hatte ich einen so kolossalen Einfall, daß ich ihn noch nach Jahren bedauerte.

»Wo gehst wieder hin, mit der Mütze auf'm Kopp! Was führst wieder im Schild!«

»Vati, ich geh bißchen rauf in die Allee!«

»Nirgends gehst hin, 's wird regnen!«

»'s wird nicht regnen, Pap.«

»'s wird, er hängt ja grad schon vom Himmel!«

»Es wird nicht regnen, Hektor stinkt heute nicht – ich hab an ihm gerochen.«

Als mein Vater das hörte, wandte er sich schnell um. Erst nach einer Weile wendete er sich wieder zu mir und sagte mit gepreßter Stimme: »Du bleibst zu Hause!« Mein prima Argument hatte scheinbar großen Eindruck auf ihn gemacht. Nur leider erzählte er aus verständlichem Stolz über die Genialität seines Sohnes auch andern Leuten von meinem Einfall, und so kam es, daß Hektor, der Jagdhund des Herrn Doktor aus dem ersten Stock, noch nach seinem Tode in unserem Hause herumgeisterte. »Wird's nicht wieder regnen? Hansi, geh Er mal riechen, ob der Hektor stinkt!«

Dafür freute ich mich aber zu andern Zeiten über den Regen wirklich sehr. Besonders im Sommer, wenn große Hitze herrschte, die Sonne einen verschmorte, jeder Sonnenstrahl stach und die Luft dick wurde wie geronnene Milch!

»Heute gibt's bestimmt ein Gewitter. Ich fühl's schon

im Kreuz. Gott der Allmächtige schütze uns!« sagten die Großen.

»Heute gibt's ein Gewitter, wirst sehen – ein prima Gewitter!« sagten wir Kleinen.

Es kam; gewöhnlich am Nachmittag. In diesem Augenblick kamen wir Jungs auch schon aus den Wohnungen gerannt, um nachzusehen, ob's schon näher käme. Ob es ein Gewitter gibt, stellten wir gewöhnlich an den Wolken fest, die über unsrem Laurenziberg hingen; wenn nämlich »Burgen überm Laurenziberg standen«, so war das ein untrügliches Gewitterzeichen, ähnlich wie man in anderen Gegenden nach der »Kapuze auf dem Riesengebirge« oder der »Kappe auf dem Boubín« auf ein Gewitter schließt.

Endlich hatten sich also die schmutzig gelben Burgen aufgetürmt, waren grau geworden und verdunkelten sich immer mehr. Unter dem Himmel herrschte schweres, unheilverkündendes Schweigen; aber im Hause war reges Leben. Die Fenster wurden geschlossen, die Weiber trugen Wannen, Tröge und Eimer die Treppe hinunter auf den Hof und stellten sie unter die Traufe, rempelten einander aus Spaß ein bißchen an und stritten sich auch manchmal ein wenig um die besten Plätze ...

Die Dunkelheit wurde immer undurchdringlicher, langsam wurde einem schon angst und bange. Es war so finster und beklemmend, als ob aus einem riesigen Vulkan schwere Asche auf die Stadt fiele.

»Man sieht keine drei Schritte weit! Allmächtiger Herrgott, steh uns bei – was wird aus uns werden!«

Schweigen. Plötzlich heult der Wind auf. Von neuem, stärker ... Irgendwo in der Nachbarschaft schlägt ein verlassenes, vergessenes Fenster zu, und die Glasscherben fallen klirrend zu Boden.

Plötzlich eine fast nächtliche Finsternis, und da rollt schon der Donner, noch wie von ferne. Noch einmal – und jetzt wum, bum! – schon über unsren Köpfen. Der Himmel tut sich auf. Und die Hand fährt schnell an die Stirn und schlägt ein Kreuz – wum, bum! ... Blitz auf Blitz, Donner auf Donner, bis man am ganzen Körper zittert und sein eigenes Wort nicht hört!

Das Wasser stürzt zur Erde, wie aus Schleusen – da, ein Augenblick der Erleichterung, als wollte der Himmel Atem holen – und wieder ein tosender Guß, nun aber schon mit Hagel vermischt. Die Fluten klatschen gegen die Mauern, prasseln auf Erde und Pflaster, die Hagelkörner trommeln auf die Schindeldächer, die alten hölzernen Pawlatschen, an Scheiben und Fensterbretter, ein furchtbares, ohrenbetäubendes Getöse.

»Das ist der Jüngste Tag! Gott mit uns, wo dieser Zornerguß in die Felder schlägt!«

Wieder ein paar Minuten Atempause. Der Regen ist noch immer heftig, jetzt aber nicht mehr mit Eis vermischt; die Luft ist etwas klarer geworden. Man schaut in den Hof, wie das Wasser, das aus der Dachrinne sprudelt, über die Eimer rinnt und zwischen ihnen auf die Erde spritzt, nur nicht hinein.

»Ewig schade um das schöne Wasser!«

»Woher, jetzt kann niemand hin!«

»Bleibst du hier! Kommst du her!«

Alles vergebens. Ich schubse die Eimer hin und her, stelle sie an den richtigen Platz, schiebe sie an den Wasserstrahl heran. Ich bin schon bis auf die Haut macht nichts, ich tanze und hopse lustig nach oben, renne durch den Durchgang auf die Seite, von wo ich auf die Straße blicken kann!

Welch eine Pracht dort – welch eine Pracht! Dort ist alles, worauf wir uns gefreut hatten, als sich das Gewitter näherte! Die Spornergasse ist bis zur halben Breite ein reißender Fluß ... Brausend wälzt sich der gelbe Strom dahin, wirft sich über das unebene Pflaster, schäumt, sprudelt, wirbelt, gurgelt über den Kanälen ... Er wird immer stärker, tiefer, vom Hohlweg, von den Masovršnistufen, vom Burgtor stoßen Hilfsquellen zu ihm ... das Wasser steigt ... Wenn man jetzt so hineinkönnte. Barfuß – jetzt!

Doch der Vater könnte mich durchs Fenster sehen ... nun vielleicht so ... vorsichtig ums Haus herum, die Straße ein bißchen weiter hinaufgeschlichen ... die Hosen hochgekrempelt, so, ich bin schon drin – das Wasser braust auf, flutet mir über die Knie – Gott, welche Lust ... welch eine Lust!

Ach – wie glücklich ich damals war!

Fünf noch winzigere Erinnerungen

I

Als ich klein war, verlebte ich einmal einen Wintermonat bei einem meiner Prager Onkel. Der Onkel war Fischer und hatte auch die Sandgewinnung aus dem Fluß gepachtet. Er und die Tante teilten sich in die Arbeit: Der Onkel kümmerte sich um die Fische, die Tante um den Sand. Nicht ein Abend, an dem sie, bevor sie zu Bett gingen, nicht zu Gott gebetet hätten: Der Onkel, es möge frieren, damit die Fische bis Weihnachten teurer würden, die Tante, es möge kein Frost kommen, damit man im Fluß auf den Grund könne. Auch ich mußte, wenn sie mich zu Bett brachten, niederknien und beten. Nun gut – aber wem von beiden soll ich mit meinem Gebet beistehen? Mein Leckermaul wies mich auf die Tante und ihre Töpfe hin, und ich hätte durch mein Gebet mit dem größten Vergnügen Wärme bis zur Siedehitze für sie erbeten; aber das Herz zog mich wieder zum Onkel, will sagen zu Eis und Schnee: Was tun? Nun, so betete ich gleich zwei Vaterunser hintereinander und sagte mit einem tiefen Seufzer:

»Lieber Gott, weißt du was – mach, was du willst!«

II

Ich erinnere mich, wie ich mit einem Dreier in der Tasche zum Krämer Süßholz kaufen ging – mehr als einen Dreier hatte ich nämlich nie, und etwas anderes als Süßholz gab der Krämer für einen halben Kreuzer nicht.

Wie ich dann kauend zum Hirschgraben hinausschlenderte; wie ich mir dort mit unfehlbarem Blick die schönste Weidenrute aussuchte; wie ich sie mit dem Taschenmesser abschnitt, mit der Breitseite beklopfte und dann eine kunstvolle Flöte daraus machte.

Ich erinnere mich, wie ich mich auf eine Bank setzte und der Flöte die schönsten Lieder der Welt entlockte; wie mich der Wärter dabei erwischte; wie unhöflich er mit mir sprach und wie er mir dann meine flache, schöne grüne Mütze wegnahm und wie ich heulend nach Hause ging und vom Vater Prügel bekam – ach Gott, ich glaube, jetzt ist der Frühling nie mehr so freundlich, nirgends solcher Flieder, nirgends ein so süßes Lied zu hören, und nirgends gibt es eine so herrliche Tracht Prügel.

III

Schon als kleiner Junge stand ich mit dem größten Vergnügen stundenlang vor der Schmiede herum. Ich war begeistert von dem Kontrast zwischen dem schwarzen Qualm und der flammenden Lohe, von der ungeheuren Größe aller Werkzeuge, den rußgeschwärzten Männergestalten mit den hochgekrempelten Ärmeln. In meiner kindlichen Phantasie fühlte ich die Kraft von zwanzig Riesenfäusten in meinen schwachen Händen. Auch vorgestern guckte und guckte ich, bis einer der rußigen Burschen herauskam und mich fragte, was ich wolle und ob ich nicht zufällig Lust hätte, mich beschlagen zu lassen. So ein unhöflicher Kerl – doch trotzdem träumte ich in der folgenden Nacht von lauter strahlenden Ambossen, lustigem Gehämmer auf Eisen, das wie Silber klang.

IV

Immer wenn die Ostern herankamen, wurden auch in unserem kleinen Haushalt die entsprechenden Vorbereitungen getroffen. Ich wurde vors Tor geschickt, um dort am Feldrain etwas Hundspetersilie zu pflücken. Damit kann man Eier so herrlich gelb färben. Mutter färbte die Eier beim Kochen und erzählte dabei Erinnerungen aus ihrer Jugendzeit: wie die Kinder, draußen in Slabce, am Ostermontag in hellen Scharen auf die Wiese strömten; wie sie dort die buntbemalten Ostereier den Abhang hinunterkollern ließen; wie sie sich dabei jedesmal herrlich rauften. Und meine empfängliche Seele hörte zu und nahm sich vor, das gleiche zu tun.

Und sie tat es. Ich lockte einige mit Ostereiern beschenkte Jungen zum Johannisbergl auf der Kleinseite, und wir beschlossen:

»Jetzt werden wir die Eier hinuntertrudeln lassen. Wessen Ei am weitesten rollt, bis nach unten, hinter den Kanal, ist Sieger.«

Ich trudelte als erster. Das Ei kollerte, kollerte – machte einen Hops, gab einen Knacks von sich und blieb links auf den Stufen liegen. In diesem Augenblick sprang aber ein Tischlerlehrling herbei, der uns durch eine Ritze im Fensterladen beobachtet hatte, schnappte von rechts mein Ei und begann es mit der größten Ruhe abzupellen. Wütend hob ich schnell den Arm und warf mit dem zweiten so meisterhaft nach dem Frechdachs, daß das Ei zu Schuster Burghart ins Fenster flog und geradewegs auf des Herrn Meisters gesenkter Glatze landete. Ich war starr vor Schreck. Ich stand auch noch wie versteinert da, als der Meister Burghart aus dem Hause gestürmt und mit langen Schritten auf mich zukam. Er packte mich am

Kragen, führte mich nach Haus und übergab mich dort den Händen meines guten Vaters. Und es folgte eine tüchtige Tracht Prügel – ach, eine der herrlichsten Prügel meiner glücklichen Jugend! Der Himmel war blau, die Luft so lau, das Herz bewegt von der Wonne eines unruhigen Frühlings.

V

Ich sehe mich als sieben- oder achtjährigen Jungen zu Hause auf dem Boden liegen. Wir hatten ein einziges, nicht gerade großes Zimmer, das zugleich als Wohnung und als Laden diente. Die Betten der Eltern trennten den Raum gewissermaßen in zwei Teile, und ihr unteres Bettende reichte fast bis zur Tür, so daß nur wenig Platz blieb. In diesem freien Eckchen war Stroh aufgeschüttet, und auf dem Stroh lag ich, nackt bis zum Gürtel, mit dem Gesicht nach unten. Meine Mutter kniete ein Stückchen weiter und betete leise; das Kinn der armen Frau zitterte vor Rührung, ihr Gesicht war gerötet, und Träne auf Träne rann ihr über die Wangen. Der Vater stand abgewandt am Fenster und schaute hinaus; ein fremder Mann beugte sich über mich, er war klein, hager, sein Gesicht sonnengebräunt und sehr faltig. Er trug ein weißes Wams und darüber einen weißen Wollmantel – die damalige tschechische Schäfertracht – und trieb mir die Auszehrung aus. Er legte mir da und dort die Hand auf, rieb meinen Körper – an weitere Einzelheiten kann ich mich nicht mehr erinnern. Wenn nicht meine weinende Mutter gewesen wäre, wäre mir die ganze Situation völlig gleichgültig gewesen. Und ich hätte sie vielleicht im Laufe der Jahre ganz vergessen, wenn mich nicht meine Mutter, wann immer ich prophezeite, ich werde einst die Welt bereisen und weit übers Meer fahren, jedesmal ermahnt hätte: »Geh nicht fort, Bub, wer weiß, was dir dort zustoßen könnte – führe den Herrgott nicht in Versuchung! Weißt du nicht, daß dir der Schäfer damals die Schwindsucht ausgetrieben und sie ins Meer geblasen hat? Du hast uns genug Sorgen gemacht!«

Ja, ich hatte ihnen Sorgen gemacht. Ich sehe mich, wie ich nicht lange darauf bereits wieder vor dem Schäfer stand. Er sah mir eine gute Weile angestrengt tief in die kranken, umschatteten Augen – dann legte er mir die Daumen auf – das währte lange, lange – und dann hauchte er meine Augen dreimal an ...

Und ich sehe mich, drei Jahre später, wie ich – während der Ferien – an der Schwelle eines Landguts sitze, mit beiden Händen mein Bein halte und ein Gutsknecht meine entzündete Ferse bespricht. Ich erinnere mich, wie er seine Handfläche an meine Ferse preßte, dann mit den Fingern um die Fußsohle kreiste und dabei eine Beschwörungsformel murmelte, die ungefähr so endete:

»... damit du weggehen sollst aufs Rote Meer!«

Am folgenden Tag lief ich schon wieder mit den Jungen um die Wette.

Textnachweise

Die Erzählungen wurden mit freundlicher Genehmigung der genannten Verlage folgenden Ausgaben entnommen:

Herr Ryšánek und Herr Schlegl, Doktor Weltverderber, »Zu den drei Lilien«, Die Messe des heiligen Wenzel, Wie es kam, daß am 20. August des Jahres 1849 um halb ein Uhr nachmittags Österreich nicht zerstört wurde
aus: Jan Neruda: Kleinseitner Geschichten. Aus dem Tschechischen übertr. von Josef Mühlberger. Nachw. von Ota Filip. 2., erw. Aufl. München: Winkler, 1986.

Aus dem Alltag der Prager Stadtpolizei, Am Kirchamt, Vier kleine Erinnerungen, Fünf noch winzigere Erinnerungen
aus: Jan Neruda: Bilder aus dem alten Prag. Ausgew. und aus dem Tschechischen übers. von Hans Gaertner. Berlin: Aufbau-Verlag, 1957 ([5]1988).

Anmerkungen

6,11 *Erben:* Karel Jaromír E. (1811–70), tschechischer Dichter, Sammler und Erforscher tschechischer Volksliteratur.
Kostomarow: Mykola K. (Pseudonym Jeremija Halka; 1817–85), ukrainischer Historiker und Schriftsteller.

13,7 *Kanevas:* gitterförmiges Gewebe, wie es für Handarbeiten verwendet wird, hier allgemein: grobe Leinwand.

15,21 *Doublée:* (frz.) indirekter (»Doppel«-)Stoß beim Billardspiel durch Abprallen der Spielkugel von der Tischbande.

16,29 f. *am Tag Peter und Paul:* 29. Juni.

21,9 *Müllerkalmuck:* Kalmuck: beidseitig angerauhtes Woll- oder Baumwollgewebe, benannt nach dem westmongolischen Volk der Kalmücken.

21,11 *Astrachan:* Lammfellart.

32,5 *des heiligen Wenzel:* Wenzel I. (um 910–929), Herzog von Böhmen (920–929), Schutzpatron Böhmens. Seine Gebeine ruhen im Veitsdom. Über der Gruft wurde von Peter Parler eine Kapelle errichtet.

32,9 *Grabmal des heiligen Johannes von Nepomuk:* barockes Hochgrab des böhmischen Schutzheiligen Johannes von Nepomuk (um 1340–93), 1733–36 nach Entwürfen u. a. Fischer von Erlachs entstanden.

32,17 *Königsoratorium:* auch »Wladislaw-Oratorium« (1493), Empore im südlichen Umgang des Veitsdoms, benannt nach Wladislaw II., 1471–1516 König von Böhmen.

34,20 f. *Rorate-Messe:* Messe in der Adventszeit zu Ehren Marias, so bezeichnet nach dem Eingangsgesang »Rorate ...« (»Tauet, Himmel, aus den Höhen ...«; vgl. Jesaja 45,8).

35,19 *nach Katharina:* nach dem 25. November.

41,31 *Regenschori:* Leiter des Chors, Dirigent.

43,13 *Triforium:* (lat.) eigentlich: Drillingsbogen. In gotischen Kirchen schmaler, auf Säulen ruhender Laufgang an der Hochwand des Mittelschiffs unterhalb der Fensterzone. Die Büsten der Triforiumsgalerie des Veitsdoms wurden 1374–85 von Angehörigen der Parlerschen Bauhütte geschaffen und sind die frühesten erhaltenen Beispiele einer realistischen mittelalterlichen Porträtplastik.

43,18 *Pešina:* Václav Michal P. z Čechorodu (1782–1859), seit 1832 Domherr und tschechischer Prediger an St. Veit.

44,3 *Kinsky-Kapelle:* In der nach dem Geschlecht der Grafen und Fürsten Kinsky benannten Kapelle wurden im 19. Jahrhundert die Prager Erzbischöfe bestattet.

44,6f. *die Gebeine des heiligen Sigismund:* Reliquien des hl. Sigismund (König von Burgund, 524 in einem Brunnen ertränkt) bewahrt der Altar der Sigismundkapelle des Veitsdoms.

44,12 *Poděbrad:* Georg von P. (1420–71), 1458–71 König von Böhmen.

44,14 *der heilige Wenzel selbst:* Die Erscheinung, die Neruda hier beschreibt, entspricht der 1373 fertiggestellten Sandsteinstatue des hl. Wenzel von Peter Parler, die über dem Altar der Wenzelskapelle angebracht ist.

44,15 *Birett:* randlose Kopfbedeckung römisch-katholischer Geistlicher.

48,12–14 *Žižka ... Hus:* Vorbilder der Jungen bei der von ihnen geplanten »Zerstörung« Österreichs sind die vier berühmten Heerführer der Hussitenkriege (1419–36): Jan Žižka von Trocnov (1360–1424), der das Heer der radikalen Hussiten (Taboriten) befehligte, sein Nachfolger Prokop der Kahle (auch »der Große«, geb. um 1380), der zusammen mit Prokop dem Kleinen, einem Unterheerführer, 1434 im Kampf gegen den gemäßigten Flügel der Hussiten den Tod fand, ferner Nikolaus von Hus (Hussinetz, gest. 1420), ebenfalls ein Anführer der radikalen Taboriten.

49,24 *»Prinzipisten«:* Schüler der ersten beiden Klassen des Gymnasiums.

50,2f. *Kelch, Dreschflegel und Morgenstern:* Der Abendmahlskelch als Symbol der hussitischen Forderung des Laienkelchs, d. h. der Kommunion unter beiderlei Gestalt; Dreschflegel und Morgenstern (ein mit Stachelspitzen sternförmig besetzter Schlagkolben) als Symbole der kriegerischen Gewalt der Hussiten.

51,23f. *alle auf dem Hradschin noch schmachtenden Gefangenen:* die nach dem »Pfingstaufstand« von 1848 eingekerkerten tschechischen Revolutionäre; vgl. Anm. zu 53,5.

51,26 *bei Deutschbrod:* Hier hatte 1422 das Heer der Hussiten die kaiserlichen Truppen besiegt.

51,28f. *Marchfeld ... Ottokars:* In der Schlacht auf dem Marchfeld (1278) besiegte Rudolf von Habsburg Ottokar II., 1253–78 böhmischer Herrscher aus dem Geschlecht der Przemysliden.

52,6 *Weißen Berg:* Auf dem westlich von Prag gelegenen Weißen Berg wurde 1620 das Heer der mährischen und böhmischen

Stände durch die kaiserlich-habsburgischen Truppen entscheidend geschlagen. Infolge dieses Sieges wurde die Macht der Habsburger wie die der katholischen Kirche in Böhmen wiederhergestellt.

53,5 *nach den Pfingstfeiertagen:* Gemeint ist der sogenannte Prager »Pfingstaufstand« des Jahres 1848. Erste Auswirkungen der Pariser Februarrevolution von 1848 auf die österreichische Monarchie waren revolutionäre Erhebungen, die in Wien im März 1848 zur Abdankung Metternichs führten. Nach dem Zusammenbruch der Regierungsautorität folgten Aufstände in den Provinzen. In Prag bildete sich ein Nationalausschuß, der (im Rahmen der Monarchie) ein böhmisches Ministerium, einen Zusammenschluß aller einst böhmischen Länder und eine böhmische Verfassung forderte. Im Juni 1848 wurde auf dem Prager Slawenkongreß die Forderung eines slawisch geführten Österreich erhoben (»Austroslawismus«). Im Anschluß an den Kongreß kam es zum blutig niedergeschlagenen »Pfingstaufstand« national- radikaler Gruppen, die den Abfall von Österreich proklamiert hatten.

67,19 *Brinde:* (tschech.) etwa: dünne Brühe, hier ein entsprechender Kaffee.

73,17 *»Bleikammern« und »Seufzerbrücken«:* Anspielung auf die Bleikammern von Venedig.

76,17 *»Ich hab in Mexiko gekämpft«:* Während des mexikanischen Bürgerkrieges entsandte Österreich Hilfstruppen für den von den Republikanern unter Präsident Juarez hart bedrängten Kaiser Maximilian, einen gebürtigen österreichischen Erzherzog. Maximilian »herrschte« von 1864 bis 1867, wurde zuletzt von den Juarez-Truppen gefangengenommen und 1867 als Hochverräter bei Queretaro erschossen.

92,26 f. *Pater-Guardian:* Vorsteher, Pförtner eines Franziskaner- oder Kapuzinerklosters.

94,28 *das hölzerne Multiplikationszeichen:* Anspielung auf das Zeichen »X«, dem das Untergestell des Leierkastens ähnelt.

98,4 *»Beim Kalkofen«:* oder auch »Bei der Kalkbrennerei«, Wirtshaus auf der Kleinseite, wo die Kalkbrenner, die aus der Vorstadt kamen, einzukehren pflegten.

99,15 *Falstaffs Heer:* Anspielung auf Sir John Falstaff, eine der Hauptfiguren in Shakespeares Komödie *Die lustigen Weiber von Windsor* und *Heinrich IV.*

99,17–19 *»Wenn ich mich nicht ... Stockfisch«:* vgl. Shakespeare: *König Heinrich IV.*, 1. Teil, 4. Aufzug, 2. Szene.

108,30 *Diurnist:* oder Diurnalist: Tagelohnschreiber.

130,8 *Responsorien:* Wechselgesänge zwischen dem vorbetenden Geistlichen und dem einfallenden Chor der Gemeinde beim katholischen und protestantischen Gottesdienst.

Nachwort

Der tschechische Journalist, Übersetzer, Dichter und Dramatiker Jan Neruda wurde am 9. Juli 1834 in Prag geboren. Dort ist er 57 Jahre später, am 22. August 1891, auch gestorben.

Nerudas Vater, der als ehemaliger Unteroffizier und Kriegsinvalide ein kleines Tabakgeschäft in Prag betrieb, stammte aus dem böhmischen Osten, seine Mutter, die als Putzfrau arbeitete, aus Westböhmen. Der zukünftige Schriftsteller verbrachte seine Kindheit und Jugend im Prager Stadtviertel Kleinseite unter dem Hradschin, in der Spornergasse, die heute seinen Namen trägt. Die Familie war tschechisch – und Jan Neruda wollte tschechischer Schriftsteller werden. Seit 1854 veröffentlichte er Gedichte in tschechischen Zeitschriften, und 1857 kam sein erster Gedichtband *Friedhofsblumen* (*Hřbitovní kvítí*) heraus. Die ältere Generation empörte sich über den provokativen Titel und noch mehr über den provokativen sozialkritischen Inhalt – man erkannte den Einfluß Heinrich Heines und reagierte ablehnend. Die jüngeren tschechischen Literaten und Leser waren dagegen begeistert; aber auch der Rezensent des deutschen *Tagesboten aus Böhmen* schrieb am 24. 12. 1857 wohlwollend: »An verdorrten Lebensbäumen kräftigt sich kein Auge, und der Horizont des Friedhofs mit all den hübschen Bildern und Sentenzen [. . .] ist zu beengt, als daß er dauernd fesseln könnte. Wenn es dem jungen Dichter gelänge, sich der Dämmersphäre zu entwinden, die ihn jetzt noch befangen hält, so scheint uns sein Talent für lebensvollere Schöpfungen hinzureichen.«

In den Jahren 1857–88 hat Neruda sieben Gedichtsammlungen, drei Theaterstücke, drei Bände Erzählungen und fünf Bücher mit Feuilletons veröffentlicht. Seine Gesammelten Werke, die man 1950–76 in Prag herausgab, erschienen in 39 Bänden, da man sich entschlossen hatte, seine fast

2300 Zeitungsfeuilletons vollständig aufzunehmen. Dies geschah übrigens gegen den letzten Willen des Autors, der keineswegs alle seine feuilletonistischen Arbeiten in Buchform publiziert wissen wollte. Der Journalist Neruda war aus finanziellen Gründen jahrzehntelang gezwungen gewesen, Feuilletons zu schreiben, am Ende seines Lebens sah er jedoch, daß viele dieser Texte eine nochmalige Veröffentlichung nicht verdienten. Aber es bleibt immer noch eine stattliche Anzahl hervorragender Texte, die von dem hohen journalistischen und schriftstellerischen Können des tschechischen Autors zeugen. Aus Zeitungsbeiträgen Nerudas lernten – und lernen bis heute – ganze Generationen tschechischer Journalisten. Übrigens: auch einer der renommiertesten deutschen Journalisten des 20. Jahrhunderts, der »rasende Reporter« Egon Erwin Kisch, lernte von Neruda. In seinem Buch *Klassischer Journalismus. Die Meisterwerke der Zeitung* (1923) schrieb er: »An Reichtum seiner Themen ist Neruda, der große Feuilletonist der Tschechen, nur mit Mercier zu vergleichen, aber die Tiefe des Gemüts stellt ihn an die Seite von Dickens [...]. An zwanzig Bände seiner gesammelten Schriften bilden die Zeitungsartikel. Die besten sind wohl die ›Kleinseitner Geschichten‹, die, außer zwei Bändchen mit ›Genrebildern‹, in Reclams Universalbibliothek erschienen sind [...].« Wer Nerudas Reportagen *Aus dem Alltag der Prager Stadtpolizei* oder *Am Kirchamt* liest, dem fallen unweigerlich die späteren Prager Reportagen Egon Erwin Kischs ein.

Wie viele seiner tschechischen Prager Zeitgenossen hatte Neruda an den städtischen Schulen Deutsch gelernt, und so überraschte es nicht, daß er seine Zeitungs- und Zeitschriftenbeiträge in beiden Sprachen schrieb.

Das deutsch lesende Publikum wurde mit seinen Texten zuerst in den Prager liberalen Zeitungen *Tagesbote aus Böhmen* und *Prager Morgenpost* bekannt – seine dort veröffentlichten Beiträge aus der Zeit des Bachschen Absolutismus in Österreich (1852–60) sind heute relativ gut bekannt.

Viel weniger wissen wir über seine Korrespondenz aus derselben Zeit für die Wiener *Presse*. Und unter einem heute unbekannten Pseudonym soll er in den 60er Jahren des 19. Jahrhunderts Texte für die Münchner *Fliegenden Blätter* geschrieben haben.

Die umfangreiche tägliche Arbeit des Journalisten blieb nicht ohne positiven Einfluß auf den Schriftsteller. Sich kurz und präzise zu äußern, das Interesse des Lesers schon durch den Titel und den Anfang des Textes zu wecken und mit überraschenden Elementen aufzuwarten – das alles ist sowohl für seine Lyrik wie auch für seine Prosa charakteristisch. Mit der Zeit interessierte sich die Leserschaft immer mehr für die belletristischen Werke des bekannten Journalisten. Seit 1880 – Neruda war 46 Jahre alt – begann man seine Belletristik ins Deutsche zu übersetzen. Zuerst die *Kosmischen Lieder* (*Kosmické písně*, 1878), welche die Frage nach dem Leben auf anderen Planeten stellten. Drei Jahre später (1883) erschien die erste deutsche Übersetzung seiner kurzen Prosatexte – unter dem Titel *Genrebilder* (das tschechische Original *Arabesky* war schon 1864 veröffentlicht worden). Sie haben den Boden für die Aufnahme der *Kleinseitner Geschichten* vorbereitet (tschechisch sind *Malostranské povídky* 1878 in Buchform erschienen, in deutscher Übersetzung erstmals 1885). Dieses Buch wurde zum populärsten Werk Nerudas sowohl bei den tschechischen Lesern wie auch im Ausland, vor allem im deutschen Sprachraum. Ins Deutsche wurden die *Kleinseitner Geschichten* mehrmals übersetzt.

Der Autor verließ Prag nie für längere Zeit, obwohl er Reisen nach Österreich, Deutschland, Ungarn, Frankreich, Italien, in die Türkei und nach Ägypten unternahm. Das Prag der 50er bis 70er Jahre des 19. Jahrhunderts war eine stille Provinzhauptstadt mit glanzvoller Architektur, prachtvollen Gärten und jahrhundertealten Denkmälern und Sammlungen. Der historische Stadtkern Prags ist bis heute einzigartig – allein Rom hat einen umfangreicheren alten

Stadtbezirk. Nerudas Stadtviertel – die Kleinseite – bildet nur einen Teil dieses historischen Stadtkerns, dafür aber den interessantesten und malerischsten. Eine große Anzahl adeliger Paläste, die heute Staatsbehörden oder ausländische Botschaften beherbergen, boten dem Schriftsteller eine hervorragende Kulisse – das wahre Leben aber pulsierte in den bescheideneren bürgerlichen Häusern, in unzähligen kleinen Gaststätten und Geschäften. Dort traf man die einfachen Leute, Handwerker, kleine Beamte und Angestellte, Soldaten, Verkäufer, Dienstmädchen, aber auch Studenten, Lehrer, arme Literaten, Musiker und Maler. Neruda fühlte sich vom Kleinseitner Mikrokosmos angezogen, verstand sich als Teil dieser Gesellschaft. Und da er als journalistischer Anfänger über sensationelle und weniger sensationelle Begebenheiten aus dem Leben dieser Leute berichtete, schärfte sich seine Beobachtungsgabe für die kleinen und großen Freuden und verschiedenen Unglücksfälle dieses Völkchens. Die Probleme der Kleinseitner zu Nerudas Zeit waren zum größten Teil die Probleme der einfachen Leute aller Zeiten und aller Länder. Meisterhaft geschildert, riefen sie – und rufen sie weiterhin – große Anteilnahme hervor.

Viele Leser von heute sehen in Nerudas Erzählungen aus Prag melancholische, ja sogar sentimentale Geschichten aus der alten, guten Zeit ohne Hektik, ohne Kriege und internationale Krisen. Nichts ist falscher als diese Ansicht. Der Autor ist in die meisten handelnden Personen seiner Erzählungen nicht verliebt, er sieht sehr wohl ihre Schwächen, den Neid, heimtückische Rachegelüste, Egoismus, kleinliche Streitigkeiten. Er weiß, daß die harmlos aussehenden Figürchen aus dem Volk imstande sind, aus niedrigen Gründen jemanden in den Selbstmord zu treiben. In solchen Fällen ist die Justiz ohnmächtig, und die barocken Paläste bleiben ebenso stumme Zeugen dieser Verbrechen wie die Polizisten auf den Plätzen des Stadtteils unter der königlichen Burg. Neruda fällt kein Urteil, dem Leser ist es überlassen, sich ein Bild zu machen.

Humor und oft beißende Ironie gehörten zum Arsenal Nerudas sowohl in seinen journalistischen Texten wie auch in seinen Gedichten, Dramen und Erzählungen. Ironisieren konnte er auch sich selbst, wie seine Erzählung unter dem Titel *Wie es kam, daß am 20. August des Jahres 1849 um halb ein Uhr nachmittags Österreich nicht zerstört wurde* beweist. Es bleibt allerdings in den Erzählungen viel ungesagt, denn idyllisch war das Leben des unverheiratet gebliebenen, später sehr einsamen Autors nicht. Dazu kam, daß die Polizei lange Zeit den kritischen Literaten und Journalisten scharf beobachtete und oft schikanierte. Die Dokumente in den Polizeiarchiven sprechen eine klare Sprache – erst viele Jahrzehnte nach dem Tod Nerudas wurden sie gefunden. So schrieb der Prager Polizeipräsident in seiner deutsch verfaßten Meldung vom 13. 12. 1859 an den Statthalter in Prag: »[...] Nerudas [...] angerufene Autorschaft der beiden Gedichtsammlungen ›Hřbitovní kvítí‹ und ›U nás‹, ferner seine Betheiligung an der Herausgabe des nicht periodischen Blattes ›Obrazy života‹ von Vilímek, ist wohl geeignet seinen ziemlichen Grad von Schreibfertigkeit und Gewandtheit zu beurkunden; der Inhalt eines großen Theiles dieser Schriften ist jedoch dasjenige, was gegen die moralische Qualifikation des Neruda zur Führung einer selbständigen Journalredakzion gewichtige Bedenken begründet.«

Den Beruf des Journalisten ergriff Neruda mit Freude, obwohl er wußte, was ihn im Prag der 50er Jahre des vorigen Jahrhunderts in diesem Beruf erwartete. In der fünften Klasse des Kleinseitner Gymnasiums hatte der 16jährige Neruda 1850 allerdings noch angegeben, Arzt werden zu wollen. Und vor dem Abitur im September 1853 ließ er sich im April desselben Jahres ein Zeugnis über unbescholtene Lebensweise ausstellen, dem folgende Ergänzung hinzugefügt wurde: »Wird zum Behufe der Aufnahme in die theologischen Studien pfarrämtlich bestätigt. Prag, Hauptpfarre Sct. Nicolaus – Vinzenz Hurka mpia Hauptpfarrer.« Sicher geschah dies auf innigsten Wunsch der Mutter Nerudas, die aus ihm einen Priester machen wollte. Im Sommer 1853 bewarb er sich um den Eintritt in das Strahover Prämonstratenser-Kloster unweit seiner Wohnung, wurde aber abgelehnt. Daraufhin begann er im Herbst 1853 ein juristisches Studium an der Prager Universität und wechselte zwei Jahre später an die Philosophische Fakultät über. Aus finanziellen Gründen beendete er das Studium nicht. Auf Drängen seines Vaters trat er schon im Herbst 1854 in die Armeerechnungsstelle in Prag ein – zuerst als unbesoldeter Fourier-Aspirant. Ein halbes Jahr später wurde ihm mitgeteilt, daß er auf absehbare Zeit eine bezahlte Stelle in diesem Büro nicht erhalten könne.

Im Jahre 1858 unternahm er den letzten Versuch, eine feste Beamtenstelle zu bekommen: er wurde supplierender Lehrer für Deutsch und Tschechisch an der Deutschen Ober-Realschule in Prag, Nikolandergasse. Eine Dauerstellung an dieser Schule bekam er jedoch nicht. Sicher nicht ohne Angst vor einer ungewissen Zukunft schlug er danach den Weg eines Journalisten ein, dem er dann über zwanzig Jahre lang, bis zu seinem Tode, treu geblieben ist.

Als Journalist lernte er seinen Beruf durch das Lesen führender Zeitungen der damaligen Zeit, wobei ihn vor allem die renommierten Blätter aus Deutschland stark beeinflußt haben. Als Autor belletristischer Werke wurde – und wird – er als Schüler Heines bezeichnet. Diese Behauptung stimmt, vor allem Nerudas erste Gedichte stehen unter Heines Einfluß. Es sind aber auch andere Namen zu nennen – etwa Goethe, obwohl er ihn gelegentlich ironisierte. Sicher haben Neruda auch die Werke Jean Pauls stark beeindruckt, und man könnte noch andere deutsche Autoren nennen. Neruda war sehr belesen und kannte sich in der deutschen, französischen, englischen, italienischen und russischen Literatur gut aus. Er interessierte sich aber auch für skandinavische Literaturen – von Esaias Tegnér hat er die *Frithiofssaga* ins Tschechische übersetzt. Mit Sympathie verfolgte er das ungarische literarische Leben, wobei er vor allem Petöfi und Vörösmarty schätzte.

Das literarische Werk Nerudas – vor allem seine Prosa – wird gewöhnlich dem Realismus zugeordnet. Der scharfsinnige Literaturkritiker F. X. Šalda hat allerdings 1934 Neruda als einen Autor bezeichnet, der im gewissen Sinne den letzten Ausläufer des Barock in der tschechischen Literatur des 19. Jahrhunderts darstelle. Obwohl nicht alle tschechischen Literaturwissenschaftler seine Ansicht teilten – die marxistisch-leninistischen sie nicht teilen durften –, verwies Šaldas These auf eine wichtige Tatsache: Nerudas Erzählungen weisen Elemente auf, die in »reinen« realistischen Werken fehlen – dafür aber in der barocken und romantischen Literatur zu finden sind. Weiterhin sieht Šalda bei Neruda eine Vorwegnahme des literarischen Impressionismus – mit anderen Worten: man könnte Nerudas Prosa als Vorläuferin der sogenannten Neoromantik betrachten, die in der tschechischen Literatur der 90er Jahre, nach dem Tod Nerudas, zur Geltung kam.

Es gibt wenige Prosaschriftsteller von Rang, die nie in Versuchung gekommen sind, einen Roman zu schreiben. Neruda gehört zu ihnen. Man kann nur Hypothesen aufstellen, warum dem so ist. Er selbst hat einmal gesagt: »Einen langen Roman zu schreiben, wäre ich niemals imstande, nicht mal einen langen schlechten.« Eines ist sicher: Die tschechische Literatur hat bis in das 20. Jahrhundert hinein nur wenige gute Romane und Dramen hervorgebracht, wobei an hervorragenden Werken der Lyrik und Kurzprosa kein Mangel herrschte. Neruda, der schwache Dramen und keine Romane, dafür aber sehr gute Lyrik und hervorragende Erzählungen und Feuilletons schrieb, kann daher als »typisch tschechischer« Autor gelten. Mit seinen Erzählungen wurde er zum Vorläufer von Autoren wie Jaroslav Hašek oder Bohumil Hrabal, die in unserem Jahrhundert zu Weltruhm gelangt sind.

Nicht viele Erzählungen halten sich in der Gunst der Leser hundert Jahre lang oder noch länger. Den Erzählungen Nerudas aus dem alten Prag wie auch seinen Reportagen und Feuilletons ist es gelungen. Und der Ruhm dieses Autors überwand große Entfernungen – der bekannte chilenische Dichter Neftalí Ricardo Reyes Basualto (1904–73) nahm als Pseudonym den Namen Pablo NERUDA an, um seiner Verehrung für den tschechischen Autor Ausdruck zu geben.

Antonin Mestan